サクッとわかる！

公認心理師
1級キャリアコンサルティング技能士
内藤友子 [著]

メンタルヘルス・マネジメント検定

II種
III種

検定

テキスト&問題集

MENTAL HEALTH
MANAGEMENT

ナツメ社

本書は、大阪商工会議所の許諾を得て、『メンタルヘルス・マネジメント検定試験公式テキストⅡ種ラインケアコース (第5版)』『メンタルヘルス・マネジメント検定試験公式テキストⅢ種セルフケアコース(第5版)』(株式会社 中央経済社発行)をもとに、その副読本として作成されたものです。

はじめに

　新型コロナウイルス感染の流行(コロナ禍)の中で、「メンタルヘルス・マネジメント検定試験公式テキスト(第5版)」が発刊となりました。コロナ禍は、在宅勤務やコミュニケーションの方法などの環境にも影響を与え、企業のあり方、労働者の働き方も大きく変化し、今後はメンタルヘルス・マネジメントはさらに重要になっていくと考えられます。

　第5版のテキストの特徴は、心の健康問題の未然防止(一次予防)に重点が置かれており、企業における組織的なケアを推進するために、産業保健、人事労務管理や経営の視点を重視し、次のような最新情報が追加されています。

● メンタル不調への早期の相談(二次予防)

● 心の健康を損なってからの事後対応(三次予防)

● 第4版発行以降の職場のメンタルヘルス対策の動向

● 法制度や統計調査の結果の更新

● ワーク・エンゲイジメント

● 新型コロナウイルス感染流行下での在宅勤務

　本書は、メンタルヘルス・マネジメント検定試験Ⅱ種(ラインケアコース)とⅢ種(セルフケアコース)の両方の内容に対応しています。Ⅱ種の目標は、部下のメンタルヘルス不調に対し、安全配慮義務に則って対応できるとともに、部下のメンタルヘルス不調を予防し、生き生きとした職場をつくるためのマネジメントについて学ぶこと。Ⅲ種の目標は、従業員が、自らストレスの状況・状態を把握することによって、不調に早期に気づき、自らケアを行い、必要であれば助けを求められることです。これらを、本書一冊で習得することができ、ラインケアとセルフケアのダブル受験が可能となります。

　『メンタルヘルス・マネジメント検定試験公式テキストⅡ種ラインケアコース(第5版)』と『メンタルヘルス・マネジメント検定試験公式テキストⅢ種セルフケアコース(第5版)』(中央経済社刊)より、重要ポイントを整理し、公式テキストの記述で理解が難しいと思われる箇所については、図表としてまとめています。

　メンタルヘルス・マネジメント検定試験に合格するには、重要ポイントを的確に理解することが必要です。本書を活用して、知識を確実なものとしていただければと思います。

　受験者の方がメンタルヘルス・マネジメント検定試験に合格され、ご自身のセルフケアはもちろんのこと、生き生きとした活気ある職場づくりに向けて活動される日を心から願っております。

　2022年10月

　　　　　　　公認心理師　1級キャリアコンサルティング技能士　内藤友子

本書の特徴と使い方

　メンタルヘルス・マネジメント検定の試験問題の多くは、公式テキストの『メンタルヘルス・マネジメント検定試験公式テキストⅡ種ラインケアコース（第5版）』『メンタルヘルス・マネジメント検定試験公式テキストⅢ種セルフケアコース（第5版）』（大阪商工会議所編、中央経済社、2021年）から出題されます。

　本書では、出題傾向、対応コース（Ⅱ種・Ⅲ種）と頻出度、重要ポイント（下記参照）を示しています。

▶出題傾向

　各章の冒頭に「出題傾向」を記しています。ここでは、この章の内容からよく出題されている学習テーマや学習上の留意点などをまとめています。

出題傾向

▶対応コースと頻出度

　各項がⅡ種（2種）とⅢ種（3種）のどちらのコースに対応しているかを示すとともに、頻出度を★の数で示しています（★1〜3）。星3つが最も重要です。

▶これだけはおさえよう!

　各項の冒頭に「これだけはおさえよう!」という欄を設け、重要ポイントを箇条書きでまとめています。

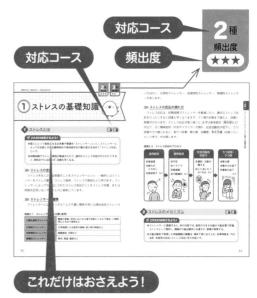

対応コース

対応コース

頻出度

これだけはおさえよう!

　また、各章ごとに「理解度チェックテスト」がついていますので、本文の内容が理解できているかどうかを確認してみましょう。

　最後に、模擬試験問題をⅡ種とⅢ種で1回分ずつ掲載しています。実際の試験時間（2時間）を設定して挑戦し、本試験の感覚をつかんでください。

▶理解度チェックテスト

　各章の終わりに、「理解度チェックテスト」を用意しています。正解と解説、および本文の参照ページも記していますので、間違った箇所は再度本文で確認しましょう。

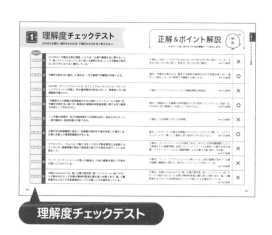

理解度チェックテスト

▶模擬試験問題

　模擬試験問題は、本番と同じように取り組み、終了後、合格ラインに達しているかを確認します。間違った箇所は、問題ごとの解説・解答で再確認しましょう。

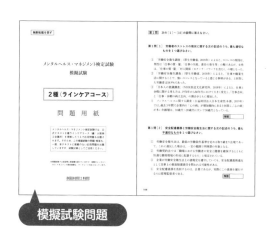

模擬試験問題

メンタルヘルス・マネジメント検定試験の概要

メンタルヘルス・マネジメント検定試験とは、大阪商工会議所が主催する試験で、「公開試験」(統一試験日に全国15都市で実施)と「団体特別試験」(企業等が任意に試験の日時・場所を設定し実施)の2種類の受験方法が設けられています。

近年、労働者を取り巻く環境は大きく変化し、産業ストレスを背景に、心の不調者が増えています。働く人たちが本来の能力を発揮し、仕事や職場で活躍するためには、一人ひとりのセルフケアはもちろんのこと、企業としても、社会的責任の履行、人的資源の活用、労働生産性の維持・向上を図るためにも、労働者のメンタルヘルスケアに組織的、計画的に取り組むことが重要となっています。

出題内容の特徴

Point 1 一次予防(疾病の未然防止と健康増進)に重点が置かれています。

Point 2 ラインによるケア、組織全体によるケアを促進しています。

Point 3 産業保健だけではなく、人事労務管理の観点も重視した内容です。

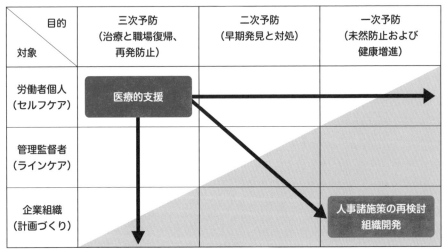

*白色部分は従来対応領域、網掛け部分が本検定試験の対応領域
出所:大阪商工会議所ホームページ

コース内容

　メンタルヘルス・マネジメント検定試験は、Ⅰ種（マスターコース）、Ⅱ種（ラインケアコース）、Ⅲ種（セルフケアコース）の3区分で実施されます。

※試験等に関する最新情報は、https://www.mental-health.ne.jp/をご覧ください。
※各コースの問題は、公式テキスト 第5版（発行：2021年7月）の内容とそれを理解したうえでの応用力を問います。なお、公式テキストに記載されている統計調査の最新の結果（公表済みのもの）などについて出題されることがあります。

コース	Ⅰ種 （マスターコース）	Ⅱ種 （ラインケアコース）	Ⅲ種 （セルフケアコース）
対象	人事労務管理スタッフ、経営幹部	管理監督者（管理職）	一般社員
目的	社員のメンタルヘルス対策の推進	部門内、上司としての部下のメンタルヘルス対策の推進	組織における従業員自らのメンタルヘルス対策の推進
到達目標	自社の人事戦略・方針を踏まえたうえで、メンタルヘルスケア計画、産業保健スタッフや他の専門機関との連携、従業員への教育・研修等に関する企画・立案・実施ができる。	部下が不調に陥らないように普段から配慮するとともに、部下に不調が見受けられた場合には安全配慮義務に則った対応を行うことができる。	自らのストレスの状況・状態を把握することにより、不調に早期に気づき、自らケアを行い、必要であれば助けを求めることができる。
公開試験	年1回（例年11月）	年2回（例年3月・11月）	
問題構成・時間	選択問題：2時間 論述問題：1時間	選択問題：2時間	選択問題：2時間
配点	選択問題：100点 論述問題：50点	100点	100点
合格基準	選択・論述の得点の合計が105点以上。論述の得点が25点以上であること。	70点以上の得点	70点以上の得点
受験料	11,550円	7,480円	5,280円
受験資格	学歴・年齢・性別・国籍に制限はありません。		
問合せ先	メンタルヘルス・マネジメント検定試験センター TEL：06-6944-6141（土日・祝日・年末年始を除く10：00～17：00） E-mail：info@mental-health.ne.jp（メールへの回答は平日9:00～17:00に対応）		

出所：大阪商工会議所『メンタルヘルス・マネジメント検定試験公式テキストⅡ種ラインケアコース（第5版）』中央経済社、2021を参考に作成

もくじ

第1章 メンタルヘルスケアの意義 2種 3種

第2章 ストレスとメンタルヘルスに関する基礎知識　2種 3種

第3章 職場環境の評価と改善の方法　2種 3種

第4章　労働者と管理監督者自身のセルフケア　[2種][3種]

第7章 復職者への支援の方法 <kbd>2種</kbd> <kbd>3種</kbd>

第 **1** 章

MENTAL HEALTH ♥ MANAGEMENT

メンタルヘルスケアの意義

出題傾向

　第 1 章からは、労働者のストレス、心の健康問題が深刻化している現状の理解として、各種の統計資料や調査結果をもとに出題されます。第5版のテキストでは、公表されているデータが更新されています。本書ではその後のデータも参考に掲載していますので、調査結果のデータを再確認し、合わせてメンタルヘルス関連の調査結果なども調べておくとよいでしょう。

　また、法令遵守の観点から、労働安全衛生法や安全配慮義務、労災認定と民事訴訟、過重労働対策などについてもよく出題されます。

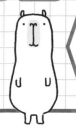

① ストレス社会の現状

❶ 労働者のストレスの状況　2種 3種

☑ これだけはおさえよう！

- ●厚生労働省「労働安全衛生調査」の調査結果（2018年）では、「仕事や職業生活で強いストレスを感じている」労働者の割合は58.0%となっている。

- ●NHK放送文化研究所「日本人の意識」の調査（2018年）によると、仕事と余暇に対する考え方は、「仕事志向」より「仕事・余暇の両立志向」が増加している。

- ●理想の仕事は、「仲間と楽しく働ける」が最多で、次いで「健康を損なう心配がない仕事」となっている。

▶ 労働者を取り巻くストレスの現状

　労働安全衛生調査とは、厚生労働省が労働安全衛生行政を推進するための基礎資料です。2018年の調査結果（労働者調査：対象者17,930人、有効回答率50.4%）では、「仕事や職業生活に関することで、強いストレスとなっていると感じる事柄がある」労働者の割合は、**58.0%**（男性59.9%、女性55.4%）で、2017年の58.3%（男性55.3%、女性62.6%）と比較すると、全体としては**やや減少しています**（図表1-1参照）。

　就業形態別では、正社員61.3%、契約社員55.8%、パートタイム労働者39.0%、派遣労働者59.4%と、**正社員のストレスが高く**なっています。

　また、強いストレスの原因として、**仕事の質・量**（59.4%）、次いで**仕事の失敗、責任の発生等**（34.0%）、**対人関係（セクハラ・パワハラを含む）**（31.3%）、**役割・地位の変化等**（22.9%）となっています（図表1-2参照）。

　この調査によると、相談できる相手がいるのは92.8%（男性91.2%、女性94.9%）で、相談相手は、男性の第1位は上司・同僚、第2位が家族・友人、女性の第1位は家族・友人、第2位が上司・同僚です。年代別では**高年齢層ほ**

ど相談できる人の割合が徐々に低くなる傾向があります。

図表1-1 「仕事や職業生活に関することで、強いストレスとなっていると感じる事柄がある」労働者の割合

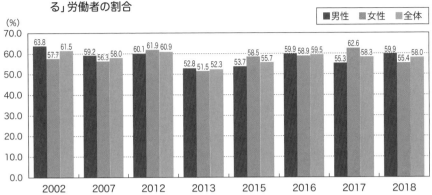

出所：厚生労働省「平成30年度労働安全衛生調査」2019年、他

図表1-2 仕事や職業生活に関する強いストレスの原因

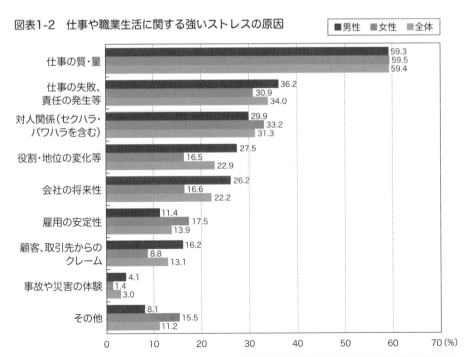

出所：厚生労働省「平成30年度労働安全衛生調査」2019年

15

最新の動向を把握するためにも、労働安全衛生調査の2021年の調査結果も確認しておきましょう。

2021年の調査結果（参考）

※2022年の調査結果については厚生労働省のホームページでご確認ください。
https://www.mhlw.go.jp/toukei/list/dl/r04-46-50_gaikyo.pdf

【仕事や職業生活に関するストレス】

● 現在の仕事や職業生活に関することで、強い不安やストレスと感じる事柄がある労働者の割合は53.3%［2020年調査54.2%］

● ストレスとなっていると感じる事柄がある労働者について、その内容（主なもの3つ以内）をみると、「仕事の量」が43.2%［同42.5%］と最も多く、次いで「仕事の失敗、責任の発生等」が33.7%［同35.0%］、「仕事の質」が33.6%［同30.9%］

【仕事や職業生活に関する不安、悩み、ストレスについて相談できる人の有無等】

● 現在の自分の仕事や職業生活でのストレスについて相談できる人がいる労働者の割合は92.1%［2020年調査90.8%］

● ストレスを相談できる人がいる労働者について、「家族・友人」が80.1%［同78.5%］と最も多く、次いで「上司・同僚」が75.2%［同73.8%］

● 男女別にみると「家族・友人」が男性76.2%、女性84.1%、「上司・同僚」が男性79.0%、女性71.1%

● ストレスについて相談できる相手がいる労働者のうち、実際に相談した労働者の割合は69.8%［同74.1%］となっており、相談した相手（複数回答）をみると、「家族・友人」が71.5%［同73.5%］と最も多く、次いで「上司・同僚」が70.2%［同67.6%］

● 男女別にみると「家族・友人」が男性64.8%、女性78.1%、「上司・同僚」が男性73.4%、女性67.2%

【過去1ヵ月間にメンタルヘルス不調により連続1ヵ月以上休業、退職した労働者がいる事業所の割合】

● 連続1ヵ月以上休業した労働者がいた事業所の割合8.8%［2020年調査7.8%］、退職した労働者がいた事業所の割合は4.1%［同3.7%］

仕事や職場に関する意識の変化

5年ごとに実施している**日本人の意識調査**（2018年、NHK放送文化研究所）では、「**仕事志向**」の割合が**減少**し、「**仕事と余暇の両立志向**」の割合が**増加**しています。理想の仕事は、「**仲間と楽しく働ける仕事**」が最多で、次に「**健康を損なう心配がない仕事**」となっています。人間関係では、「**全面的なつきあい**」を望む割合は**横ばい**で、「**形式的なつきあい**」を望む回答が**増加**しています。

メンタルヘルスの対策は、労働者のストレスの状況から、**労働者の意識の変化**に目を向けることが重要です。

2 労働者の心の健康問題　2種 3種

✓ これだけはおさえよう！

● 2018年「**労働安全衛生調査**」によると、500人以上の規模の事業所では、過去1年間にメンタルヘルス不調により連続1ヵ月以上休業または退職した労働者がいた事業所の割合が**70%**を超えている。

● 2011年、厚生労働省は、地域医療の基本的方針となる医療計画に盛り込む疾病として、がん、脳卒中、急性心筋梗塞、糖尿病に「**精神疾患**」を加えて、「**五大疾病**」とする方針を打ち出した。

● 警察庁の統計によれば、わが国の自殺者数は、1998年に急増し、それ以降2011年に至るまで、**14年連続で3万人**を超えており、2012年以降は減少傾向にある。

心の健康問題の増加

2018年の**労働安全衛生調査**によると、過去1年間にメンタルヘルス不調により連続1ヵ月以上休業した労働者がいる事業所全体の割合は6.7%でしたが、500人以上の規模の事業所では、連続1ヵ月以上休業または退職した労働者がいる事業所の割合が**70%**を超えています（図表1-3参照）。

2019年「公益財団法人日本生産性本部」のメンタルヘルスに関する調査（全国上場企業2,361社対象）では、32.0%の企業で最近3年間で企業内の「心の病」が増加傾向にあると回答し、最も多い年齢は**30歳代**で、近年**10歳代〜20歳代**の割合が増大しています。2021年の同調査の主な結果は次のとおりです。

● コロナ禍で従業員のメンタルヘルスが"悪化した"企業は約4割。悪化の要因は「コミュニケーションの変化」が約9割と大半に。

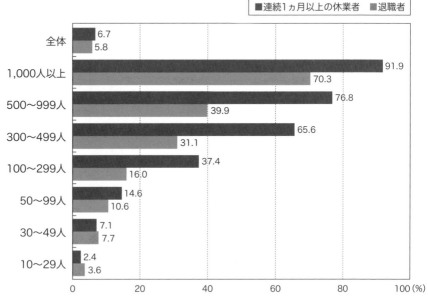

図表1-3　過去1年間にメンタルヘルス不調により連続1ヵ月以上休業、退職した労働者がいる事業所の割合

■連続1ヵ月以上の休業者　■退職者

	休業者	退職者
全体	6.7	5.8
1,000人以上	91.9	70.3
500〜999人	76.8	39.9
300〜499人	65.6	31.1
100〜299人	37.4	16.0
50〜99人	14.6	10.6
30〜49人	7.1	7.7
10〜29人	2.4	3.6

出所：厚生労働省「平成30年度労働安全衛生調査」2019年

● 「健康経営」「ハラスメント」「場所に縛られない働き方改革」の取り組みで効果が上がっている企業は大幅増。「心の病」減少傾向の企業では「取り組みに効果」の割合が高い。

● ストレスチェック制度の実施目的：「法制義務化対応」とした企業が9割超と最多。一方、「生産性向上」「職場の活性化」とした企業も前回より10ポイント以上増加。

▶ 医療計画に盛り込む疾病の追加

　わが国全体で取り組むべき問題として、職場でのうつ病、高齢化にともなう認知症の増加など、心の健康問題がこれまで以上に大きな課題となっています。厚生労働省は2011年に、がん、脳卒中、急性心筋梗塞、糖尿病に、**精神疾患**を加え、「五大疾病」とする方針を打ち出しました。

▶ 自殺者の傾向

　警察庁の統計では、自殺者が1998年に急増し、2011年まで、14年連続して3万人を超えました。2012年は2万7,858人となり、それ以降は減少傾向に

ありますが、欧米諸国と比べると高い自殺率となっています。自殺はさまざまな原因が複雑に連鎖していますが、自殺直前には精神健康面での問題や心の病があることが多いと指摘されています。厚生労働省「令和5年　過労死等防止対策白書」（https://www.mhlw.go.jp/content/11200000/001154315.pdf）の自殺の状況（P35〜38）のグラフでご確認ください。

③ メンタルヘルスに取り組む重要性　2種 3種

☑ これだけはおさえよう！

● 2018年「労働安全衛生調査」では、メンタルヘルス対策に取り組んでいる事業所は59.2%で、従業員規模の大きい事業所群ほど取り組む割合が高い傾向にある。

● メンタルヘルス対策の取り組みの内容として、①ストレスチェック、②労働者への教育研修・情報提供、③事業所内での相談体制の整備の順に多く実施されている。

▶ メンタルヘルス対策の意義

　心の病気を発症すると、**作業効率が低下**したり、**長期にわたる休業**が必要となったりして、周囲への負担が増え、チーム全体の成果が落ちて、職場にも影響が出ます。したがって、メンタルヘルスは労働者個人の問題としてだけではなく、**組織全体の問題**として取り組みが必要です。ストレス対策を組織で効果的に行えば、**職場の活性化や業務効率の向上**が期待できます。

　2018年の「労働安全衛生調査」では、メンタルヘルス対策に取り組む事業所は59.2%［2022年調査63.4%］で、この**5年ほどは横ばい**です。従業員規模の大きい事業所群ほど取り組む**割合が高い**傾向があります。取り組み内容（複数回答）として多いのは、**労働者のストレスチェック実施65.2%**や労働者への教育研修・情報提供56.3%［同37.0%］で、また、管理監督者の活動に力を入れている企業ほど、「心の病」の増加が**抑止**されています［2022年調査では、「ストレスチェックの実施」が63.1%と最も多く、次いで「メンタルヘルス不調の労働者に対する必要な配慮の実施」が53.6%］。

> メンタルヘルスの問題に、組織全体の問題として取り組むことで、メンタルヘルス不調の増加が抑止されます。

② 労働者の健康管理問題の法的規制

❶ 労働安全衛生法と安全配慮義務　2種

☑ これだけはおさえよう！

●労働安全衛生法の目的は、「職場における労働者の安全と健康を確保する」「快適な職場環境の形成を促進する」として最低の労働条件基準を定めている。

●安全配慮義務（健康配慮義務）は、労働契約法第5条に規定されている。

●精神障害の労災認定は、「心理的負荷による精神障害の認定基準」に基づき、業務上外の判断を行う。

▶ 従業員の健康管理に関する規制

　従業員の健康管理問題に関する規制としては、**公法的規制**として、「**労働安全衛生法**」があり、違反すると一定の範囲で**刑事罰の対象**となります。また、**私法的規制**として、「**安全配慮義務**」ないし「**健康配慮義務**」の違反によって、疾病の発生・罹患に至った場合は、**民事上の損害賠償責任**が生じます。

▶ 安全配慮義務とは

　1975年の最高裁判決によって、**安全配慮義務**という概念が認められ、2008年3月から施行された**労働契約法第5条**で「**使用者は、労働契約に伴い、労働者がその生命、身体等の安全を確保しつつ労働することができるよう、必要な配慮をするものとする**」と明文化されています。これに違反した場合は、損害賠償責任が生じます。なお、企業が民事上の損害賠償責任を負う根拠には、故意または過失による権利侵害の賠償責任である「**不法行為責任**」と契約違反による損害賠償責任にあたる「**契約責任**」があり、1975年の最高裁判決以降は、契約責任による事案が増加の一途をたどっています。

労働災害の認定と民事訴訟

労働災害は、「業務に起因して、労働者が負傷し、疾病にかかり、又は死亡する」ことをいいます（労働安全衛生法第2条第1号）。労働災害が発生した場合、従業員側に生じた損害を補填するシステムとして、労働基準法上の**災害補償責任**と、**民事上の損害賠償責任**があります。

労働基準法では、災害補償責任として企業に以下の支払いを義務づけています。

①**療養補償給付** ②**休業補償給付** ③**障害補償給付** ④**遺族補償給付** ⑤**葬祭料**

労働者災害補償保険法（以下、労災保険法）に基づいて労働基準上の災害補償に相当する給付が行われた場合は、企業はその部分については補償を負う必要はありません（労働基準法第84条）。

保険給付は企業側に過失がなくても労災保険法に基づいて支給されますが、補償の内容は労働者が被った損害の一部であるため、企業に過失があった場合は、労災保険法に基づく保険給付では填補されない損害部分（慰謝料や逸失利益）を求める従業員側から民事上の損害賠償請求訴訟が提起されることもあります。なお、労災保険法に基づく保険給付がなされた場合は、民事上の損害賠償請求訴訟においては給付金額は相殺の対象となり、損害額から控除されます。

労災認定は「**業務遂行性**」（従業員（労働者）が企業の支配下ないし管理下にあること）と「**業務起因性**」（業務にともなう危険が現実化したものと認められること）で判断し、**労働基準監督署長**が認定します。その際、従業員から精神障害の発症が業務によるものであるとして労災申請がなされた場合は、「**心理的負荷による精神障害の認定基準**」に基づいて業務上外の判断が行われます。セクハラやパワハラなど職場におけるハラスメントに起因する精神障害の判断も、認定基準に基づき判断されます（2020年5月29日付け基発0529第1号）。2011年の改定では、以下が改善されています。

①出来事＋出来事後の総合評価を行う。

②極度の長時間労働は、うつ病の原因になると考え、例として発病直前の1ヵ月におおむね160時間以上の時間外労働を行っている場合など、心身の極度の疲弊、消耗をきたし、うつ病等の原因となると明示。

③「強」「中」「弱」の心理的負荷の具体例を記載。

④セクシュアルハラスメントやいじめが長期間継続する場合、6ヵ月を超えて評価。

⑤複数の出来事がある場合、具体的な評価方法を記載。

⑥発病後であっても特に強い心理的負荷で悪化した場合は労災対象とする。

厚生労働省「令和4年　労働災害発生状況」(https://www.mhlw.go.jp/content/11302000/001100029.pdf) のグラフでご確認ください。

❷ 職場のハラスメント問題　2種 3種

☑ これだけはおさえよう！

- ●職場におけるハラスメント (いじめ・嫌がらせ) の代表的なものがセクハラ・マタハラ・パワハラである。
- ●セクハラ (セクシュアルハラスメント) は、1999年4月改正の男女雇用機会均等法で事業主の配慮義務が明文化され、2007年4月改正で措置義務に改められた。
- ●マタハラ (マタニティハラスメント) は、2016年3月に男女雇用機会均等法 (および育児・介護休業法) の改正によって配慮義務から措置義務に改められた。
- ●パワハラ (パワーハラスメント) は、2019年5月に労働施策総合推進法が改正され、一定の要件が定義づけられて、措置義務となった。

　職場におけるハラスメント (いじめ・嫌がらせ) を巡るトラブルないし職場におけるハラスメントを原因とする精神障害の発症が社会問題化しています。

セクシュアルハラスメント (セクハラ)

　セクハラは、1999年4月改正の男女雇用機会均等法で、セクハラを防止することへの事業主の配慮義務が明文化されました。その後、2007年4月の改正によって**男女の区別をなくす**とともに、**措置義務**に改められ、セクハラ対策に必要な措置を講ずることが義務づけられました。具体的には、職場において行われる性的な言動によって、労働者が労働条件で不利益を受ける**対価型セクハラ**と、就業環境が害される**環境型セクハラ**を防止することです。

マタニティハラスメント (マタハラ)

　男女雇用機会均等法により、女性労働者の婚姻、妊娠、出産を理由に不利益な取り扱いをすることは禁止されていましたが、広島中央保健生活協同組合事件 (最高裁判決2014年10月23日) 以降、マタニティハラスメント (マタハラ)

と呼び、法的規制が検討されることになりました。2016年3月に男女雇用機会均等法が改正され、「女性労働者からの相談に応じ、適切に対応するために必要な体制の整備その他の雇用管理上必要な措置を講じなければならない」と**措置義務**が新設され、2017年1月以降施行されています。

▶ パワーハラスメント（パワハラ）

　日本では、パワハラという概念自体が明確ではありませんでしたが、2012年3月に厚生労働省が開催した「職場のいじめ・嫌がらせ問題に関する円卓会議」において「職場のパワーハラスメントの予防・解決に向けた提言」が出され、パワハラの予防や解決に向けた方向性を示し、一定の定義づけがなされました。パワハラの行為類型は以下の6つです。

図表1-4　パワハラの行為類型

①身体的な攻撃	暴行・傷害
②精神的な攻撃	強迫・名誉毀損・侮辱・ひどい暴言
③人間関係からの切り離し	隔離・仲間はずし・無視
④過大な要求	業務上明らかに不要なことや遂行不可能なことを強制、仕事の妨害
⑤過小な要求	業務上の合理性なく、能力や経験とかけ離れた程度の低い仕事を命じることや仕事を与えないこと
⑥個の侵害	私的なことに過度に立ち入ること

　これらを踏まえ、2015年に厚生労働省から、「**パワーハラスメント対策導入マニュアル**」が出されました（2016年7月に第2版が公表）。さらに、2019年5月に**労働施策総合推進法**が改正され、事業者に対して**措置義務**を課し（施行日2020年6月1日、中小企業2022年4月1日）、パワハラは以下の3要件すべてを満たすものと定義しました。

　①職場において行われる優越的な関係を背景とした言動であること
　②業務上必要かつ相当な範囲を超えていること
　③労働者の就業環境が害されること

　精神障害の労災認定基準（2020年に認定基準 別表1「業務による心理的負荷評価表」の改正https://www.mhlw.go.jp/content/11201000/000634904.pdf）においては、ひどい嫌がらせ、いじめ、暴行を受けることや、退職の意思がないにもかかわらず執拗に退職を求めるような行為は、心理的負荷の強度が「強」になる場合があります。

「精神障害の労災認定の基準に関する専門検討会」において検討を行い、2023年7月に報告書が取りまとめられたことを受け、認定基準の改正が行われました（「心理的負荷による精神障害の労災認定基準の改訂概要」https://www.mhlw.go.jp/content/11201000/001140928.pdf）。

なお、セクハラ、マタハラ、パワハラによって労働者の権利が侵害された場合は、民法や刑法の一般法が適用されます。

③ メンタルヘルス指針策定の経緯と基本的な考え方 2種

☑ これだけはおさえよう！

- 2006年「労働者の心の健康の保持増進のための指針」（メンタルヘルスケア指針）が示された（2015年改正）。労働安全衛生法に基づき、事業者の健康保持増進措置に関する努力義務の一内容として定められている。
- 心の健康づくり計画の実施にあたっては「一次予防」「二次予防」「三次予防」が円滑に行われるようにする。
- これらの取り組みでは「セルフケア」「ラインによるケア」「事業場内産業保健スタッフ等によるケア」「事業場外資源によるケア」を継続的かつ計画的に行うことが重要である。

▶ メンタルヘルスケア指針の策定の経緯

メンタルヘルス対策を進めるための基本的な方向性が示されるようになった経緯として、労働者を取り巻く環境が厳しさを増し、労働者にかかるストレスが大きくなっていることや、行政訴訟・損害賠償請求訴訟などの過労自殺にかかわる裁判が注目されるようになったことなどが背景にあります。メンタルヘルスに関して、次のような指針が策定されました。

- 2000年「事業場における心の健康づくりのための指針」（旧指針）が示された（行政指導通達で、法律の強制力はない）。
- 2001年「職場における自殺の予防と対応」が公表される（中央労働災害防止協会、2010年改訂）。
- 2004年「心の健康問題により休業した労働者の職場復帰支援の手引き」がまとめられる（中央労働災害防止協会、2012年改訂）。
- 2005年「労働安全衛生法」が改正になり、面接指導が法制化される。
- 2006年「労働者の心の健康の保持増進のための指針」（メンタルヘルスケア

指針）が示された（2015年改正）。

◆ メンタルヘルスケアの基本的な考え方

　労働者の心の健康づくりを推進していくためには、労働者自身による取り組みに加え、職場環境の改善も含めた、事業者によるメンタルヘルスケアの積極的推進が重要です。そのために、**事業者**がメンタルヘルスケアの積極的な推進を表明し、**衛生委員会**または**安全衛生委員会**で問題点を十分に調査審議し、その問題を解決するために**心の健康づくり計画**を策定することが重要であるとしました。

　心の健康づくり計画の実施にあたっては、次の取り組みを行います。

●**一次予防**：ストレスチェック制度の活用や職場環境等の改善を通じてメンタルヘルス不調を未然に防ぐ。

●**二次予防**：メンタルヘルス不調を早期発見し適切な措置を行う。

●**三次予防**：メンタルヘルス不調となった労働者の職場復帰支援を行う。

　これらの取り組みが円滑に行われるように、次の表の4つのメンタルヘルスケアを継続的かつ計画的に推し進めます。

図表1-5　4つのメンタルヘルスケア

4つのケア	実施主体	活動内容
セルフケア	労働者	ストレスへの理解と対処、自発的な相談など
ラインによるケア	管理監督者	職場環境改善、労働者に対する相談対応など
事業場内産業保健スタッフ等によるケア	産業保健スタッフ（産業医、衛生管理者、保健師）、心の健康づくり専門スタッフ（精神科医、看護師、心理職など）、人事労務管理スタッフ	職場環境改善、心の健康づくり対策に対する提言と推進、労働者や管理監督者に対する支援
事業場外資源によるケア	事業場外でメンタルヘルスの支援を行う機関や専門家：精神科医、看護師、心理職、ＥＡＰ（従業員支援プログラム）専門会社等	事業場外のメンタルヘルスケアに対する支援、各種サービスの提供

出所：厚生労働省「労働者の心の健康の保持増進のための指針」（2015年改正）を参考に作成

◆ メンタルヘルスケア推進の留意事項

①心の健康問題の特性

　心の健康は客観的な測定方法が確立していないため、その把握と評価が難しいうえ、心の問題はすべての労働者が抱える可能性があるにもかかわらず、健康問題以外の観点から評価が行われる傾向が強いといえます。さらに、心の健

康問題そのものへの誤解や偏見などを解決していく必要があります。

②労働者の個人情報の保護への配慮

メンタルヘルスケアが効果的に推進されるための条件として、健康情報を含む労働者の個人情報の保護や労働者の意思の尊重が重要です。

③人事労務管理との関係

労働者の心の健康は、職場配置、人事異動、職場の組織などの人事労務管理に関する要因と密接に関係しているため、人事労務部門との連携が不可欠です。

④家族・個人生活などの職場以外の問題

ストレス要因は職場だけではなく、家族・個人生活などの職場以外の要因も複雑に関係しています。

---

4 メンタルヘルスケアの具体的な進め方 2種

☑ これだけはおさえよう！

● 管理監督者は、日常的に部下の状況を把握し、職場環境の把握と改善、労働者からの相談対応を行うことが必要となる。このため、事業者は、管理監督者に対して、教育研修、情報提供を行う必要がある。

● 事業者は、メンタルヘルス不調に陥る労働者が発生した場合、個人情報の保護に留意し、労働者、管理監督者、家族などからの相談に対して、適切に対応できる体制を整備する必要がある。

● 管理監督者は、メンタルヘルス不調または、その疑いのある場合は、事業場内産業保健スタッフや人事労務管理スタッフに報告のうえ、対応の仕方について協議し、指示を受けることが重要である。

▶ 教育研修や情報提供

事業者は、管理監督者に対して、以下の内容の教育研修・情報提供を行います。

①メンタルヘルスケアに関する事業場の方針

②職場でメンタルヘルスケアを行う意義

③ストレスおよびメンタルヘルスケアに関する基礎知識

④管理監督者の役割および心の健康問題に対する正しい態度

⑤職場環境等の評価および改善の方法

⑥労働者からの相談対応（話の聴き方、情報提供および助言の方法等）

⑦心の健康問題により休職した者の職場復帰への支援の方法

⑧事業場内産業保健スタッフとの連携およびこれを通じた事業場外資源との連携の方法

⑨セルフケアの方法

⑩事業場内の相談先および事業場外資源に関する情報

⑪健康情報を含む労働者の個人情報の保護など

▶ 職場環境等の把握と改善

事業者は、管理監督者による日常の職場管理、労働者からの意見などから、問題を把握します。**事業場内産業保健スタッフ**等は中心的役割を担い、職場巡視による観察、労働者・管理監督者からの聞き取り調査やストレスチェックの集団ごとの集計・分析結果などから職場内のストレス要因を把握し評価します。その結果を受けて、**衛生委員会**等で検討し、職場環境や勤務形態、職場組織の改善を行います。

▶ メンタルヘルス不調への気づきと相談対応

【事業者】メンタルヘルス不調への気づきを促進するために、労働者が**自ら相談を受けられる**ような環境整備をします。ストレスチェック結果の相談窓口を広げるためにも重要です。

【管理監督者】日常的に、以下のような労働者からの自発的な相談への対応や、必要に応じて事業場内産業保健スタッフなどや事業場外資源への相談、受診を促すように努める必要があります。

　　①ストレスチェックの結果、面接指導が必要との判定が出たが**申出を行わない**労働者。

　　②**長時間労働**などにより疲労の蓄積が認められる労働者。

　　③**強度の心理的負荷**をともなう出来事を経験した労働者。

　　④個別の配慮が必要な労働者。

【事業場内産業保健スタッフ】管理監督者と協力し、労働者の気づきを促し、保健指導、健康相談などを行います。必要に応じて、事業場外の**医療機関**への相談や受診を促します。

【家族】メンタルヘルスケアに大きな役割を果たします。事業者は、社内報や健

康保険組合の広報誌などで、ストレスやメンタルヘルスケアに関する基礎知識や相談窓口を提供することが望まれます。

ラインによるケアの留意事項

メンタルヘルスケアは、**すべての労働者**を対象としています。管理監督者には、事業場内産業保健スタッフや人事労務管理スタッフと連携し、対応の仕方について協議し、指示を受けることが重要です。その際、個人情報の保護に関しては、取得、保管、利用において、健康情報取り扱い規定に含めることが望ましいとされています。

例 個人情報を取り扱う者とその権限、取り扱う情報の範囲、個人情報管理責任者の選任、事業場内産業保健スタッフによる生データの加工、守秘義務など。

ストレスチェックにおける個人情報の取り扱いの留意点

ストレスチェック指針において、事業者は労働者の健康情報を適切に保護することが求められています。健康情報を含む労働者の個人情報を医療機関等の第三者へ提供する場合も、**原則本人の同意**が必要です。そして、医師、保健師等のストレスチェックの実施者は、労働者の同意がない限り、結果を事業者に提供することは**禁止**されています。

労働安全衛生法第104条（2018年改正）では、心の状態に関する情報の取り扱いが追加されています。これに基づき、「労働者の心身の状態に関する情報の適正な取り扱いのために事業者が講ずべき措置に関する指針」では、①事業場で健康情報取り扱い規定を労使で共有すること、②心身の状態の情報の取り扱いの原則に沿って健康情報を取り扱うことが示されています。

不利益な取り扱いの禁止

メンタルヘルスケア等を通じて把握した情報は、健康確保に必要な範囲で利用される必要があります。解雇、期間雇用者の契約更新拒否、退職勧奨、職位（役職）の変更等や派遣労働者に対しても、**派遣先事業者**が、事実を考慮せず労働者の変更などを行ってはなりません。

小規模事業場における取り組みの留意事項

常時使用する労働者が**50人未満**の小規模事業場では、産業保健スタッフが確

保できない場合もあります。その場合は、**衛生推進者**または**安全衛生推進者**をメンタルヘルス推進者として選任し、産業保健総合支援センター（通称、地域産業保健センター）の**地域窓口**等の事業場外資源を積極的に活用するなどの形で取り組むことが望ましいとされています。

　また、「フリーランス・事業者間取引適正化等法」が2023年5月12日に公布され、2024年秋頃までに施行予定となります（https://www.mhlw.go.jp/content/001206833.pdf）。

5 過重労働による健康障害の防止 〔2種〕

☑ これだけはおさえよう！

● 2005年に労働安全衛生法が改正され、「長時間労働者への医師による面接指導の実施」が義務づけられた。

● 2002年に策定された「過重労働による健康障害防止のための総合対策」（2006年、2011年、2020年改正）では、長時間の過重労働は、脳・心臓疾患の発症と関連性が強いとの医学的見地が示された。

● 同対策では、労働時間の適正化として、①時間外・休日労働の削減、②年次有給休暇取得の促進、③労働時間の設定の改善が事業者に求められている。労働者の健康にかかる措置の徹底としては、①健康管理体制の整備や健康診断の実施など、②長時間にわたる時間外・休日労働を行った労働者に対する面接指導などへの対応が求められている。

　労働時間やメンタルヘルス対策等の状況は、厚生労働省「令和5年 過労死等防止対策白書」（https://www.mhlw.go.jp/content/11200000/001154313.pdf）のP2〜26のグラフで確認できます。

▶ 長時間労働者に対する面接指導の義務づけ

　2005年に**労働安全衛生法**が改正され、**長時間労働**により疲労が蓄積した労働者への**医師による面接指導**が事業者に義務づけられました。面接指導の範囲は**衛生委員会**の調査審議を経て事業場ごとに定めます。面接指導対象となる労働者の月1回以上行う労働時間の把握後、おおむね**2週間以内**に、産業医等へ情報を提供します。

　①労働時間等（総労働人数、深夜業の回数、時間数、所定休日数等）

②業務内容（責任の程度を含む）、作業環境

③健康診断個人票

④問診表等

図表1-6　面接指導の対象となる労働者

対象者の区分	週の法定労働時間	〜80時間※	80〜100時間※	100時間〜※
一般労働者	40時間	健康への配慮が必要と認めた者への面接指導が望ましい	申出した労働者に面接指導	原則、月100時間を超える時間外・休日労働はできない
研究開発業務従事者				面接指導。罰則あり
高度プロフェッショナル制度適用者	なし	申出した労働者に面接指導の努力義務		健康管理時間が100時間を超える労働者に面接指導。罰則あり

※週40時間を超える1ヵ月間の時間外・休日労働の時間数、あるいは健康管理時間数（2019年改正の労働安全衛生法より）
　健康管理時間＝事業場内にいた時間＋事業場外での労働時間

　産業医などの医師は、労働者の勤務の状況や疲労の蓄積の状況、その他心身の状況を把握して、必要な保健指導を行います。面接指導は、基本的には対面で行いますが、情報通信機器を用いることも可能となりました（「情報通信機器を用いた面接指導の実施について」令和2年11月19日基発1119号参照）。

　長時間労働者への面接指導は、脳・心臓疾患や精神障害等の発症を防ぐ一次予防ではなく、早期発見して適切な対応をする**二次予防**です。**事業者**は、面接指導の結果に基づいて、医師の意見を勘案し、必要な**事後措置**（就業場所の変更、作業の転換、労働時間の短縮、深夜業の回数の減少、衛生委員会への報告など）を講じなければなりません。また、面接指導の結果は、**5年間**の保存義務があります。

　面接指導の対象者外労働者であっても、面接指導や面接指導に準ずる措置の実施に努める必要があります（**努力義務**）。

過重労働による健康障害防止のための総合対策

　「過重労働による健康障害防止のための総合対策」では、長時間にわたる過重な労働は、疲労の蓄積をもたらす最も重要な要因と考えられ、脳・心臓疾患の発症との関連性が強いという医学的見地が得られています。このため、長時間にわたる**過重労働を排除**し、労働者に疲労の蓄積を生じさせない**健康管理措置**を適切に実施することが求められています。

①労働時間等の適正化

時間外・休日労働時間等の削減

● 時間外・休日労働に関する労使協定（36協定）を締結し、時間外・休日労働時間を月45時間以下とするよう努める。

● 時間外・休日労働時間は1ヵ月45時間以内および1年360時間以内である。

● 臨時的に労使が合意する場合、1ヵ月100時間未満（年間6ヵ月以内、一定の有害業務の時間外労働は1日2時間以内、2〜6ヵ月の平均時間外労働時間は80時間以内）、1年720時間以内とする。

● 労働時間は、「面接指導を実施するため、厚生労働省令で定める方法」により把握しておく必要がある（タイムカードによる記録、パソコンなどの電子計算機の使用時間の記録といった客観的な方法など）。

● 裁量労働制対象労働者、管理監督者にも過重労働とならないように注意喚起を行う。

年次有給休暇取得の促進

事業者は、年次有給休暇を年5日の時季を指定して確実に取得させる（労働基準法第39条第7項）。

労働時間の設定改善

● 有給休暇を取得しやすくするための環境整備や計画的付与などによる取得促進を図る。

● 過重労働による健康障害を防止するために、必要な措置を講ずる。

● 健康、福祉を確保するために必要な終業から始業までの休息時間の設定（勤務間インターバル制度）に努める。

②労働者の健康管理にかかる措置の徹底

以下は、事業者が労働者の健康を管理するために取るべき措置の内容です。

健康管理体制の整備や健康診断の実施

● 産業医、衛生管理者、衛生推進者の選任

● 産業医または小規模事業場の医師等に対する健康管理等に必要な情報の提供

● 健康相談等の整備体制

● 衛生委員会の設置

● 健康診断、その事後措置、保健指導の実施

● 自発的健康診断制度、二次健康診断等給付金制度の活用

●健康保持増進措置（THP）の実施

長時間労働者の面接指導

●労働時間の状況の把握

●産業医および労働者への労働時間に関する情報の通知

●衛生委員会等における調査審議

●小規模事業場における面接指導等

　なお、面接指導の実施の事務に従事した者には守秘義務があり、違反した場合には罰則（6ヵ月以下の懲役または50万円以下の罰金）の適用があります（労働安全衛生法第119条）。

❻ ストレスチェック制度　2種

☑ これだけはおさえよう！

●2014年6月に労働安全衛生法が改正され、労働者50人以上の事業場では「ストレスチェック及び面接指導の実施」が義務化された。

●労働者がメンタルヘルス不調となることを未然に防止すること（一次予防）を主な目的としている。

●ストレスチェック実施者は、医師、保健師、一定の研修を受けた歯科医師・看護師・精神保健福祉士または公認心理師に限られる。

▶ ストレスチェックの実施と報告

　常時50人以上の労働者を使用する事業場では労働者に対し、心理的負荷を把握するための検査（ストレスチェック）を、**1年以内**ごとに1回、定期に実施することが義務づけられています（50人未満の事業場においては努力義務）。派遣労働者に対しては、派遣元事業場に実施義務があります。検査結果等報告書は、**所轄労働基準監督署長**に提出しなくてはなりません（労働安全衛生規則第52条の21）。罰則をともなう規定として、**実施状況の労働基準監督署への報告、ストレスチェック、面接指導の記録の保存、守秘義務**がありますが、ストレスチェックや面接指導の実施義務規定に罰則がなくても、これらを怠っていると**安全配慮義務違反**となり、メンタルヘルス不調などの発生に際し損害賠償を求められる可能性があります。

ストレスチェックの実施体制

　ストレスチェックの**実施者**は、医師、保健師、一定の研修を受けた歯科医師・看護師・精神保健福祉士・公認心理師に限られます。実施者は実施調査票の選定やストレスチェック実施の企画、結果の評価を行います。実施者を援助する役割のストレスチェック**実施事務従事者**は、調査票の回収、データの入力、面接指導の勧奨などを行います。特に資格は要しませんが、労働者の解雇や昇進、異動に対しての権限をもつ監督的地位の者がなることはできません。

　衛生委員会において、ストレスチェック制度実施規定、計画、結果の評価方法や高ストレス者の選定基準などが調査審議されます。労働者には受診義務はありませんが、事業者、実施者、実施事務従事者は、未受検の労働者に対して、受検勧奨を行うことが可能です。ストレスチェックの結果は、実施者が直接受検者に「ストレスの程度」「高ストレス者への該当の有無」「面接指導の要否」の3項目を通知します。実施者は、**本人の同意**がない場合は事業者に通知することが禁止されています。

面接指導の事後措置

　ストレスチェックの結果、面接指導が必要であると判定された労働者が面接指導の申出を行った場合は、事業者は**医師による面接指導**を行う必要があります（労働安全衛生法第66条の10）。面接を行った場合は、**面接指導の記録**を作成して、事業者はそれを**5年間保存**しなければなりません。面接を行った医師は、就業上の措置に関する意見に加えて、職場環境の改善に関する意見を状況に応じて述べる必要があり、事業者は医師の意見を勘案し、適切な措置を講じなければなりません。

7 自殺対策基本法とアルコール健康障害対策基本法 2種 3種

✓ これだけはおさえよう！

●自殺が社会問題化していることから、2006年に自殺対策基本法が制定された。

●2007年6月に、政府が推進すべき自殺対策の指針として自殺対策の大綱（自殺総合対策大綱）が閣議決定された。この大綱は5年ごとに見直しを行っている。

●不適切な飲酒はアルコール健康障害の原因となる。2013年にアルコール健康障害対策基本法が制定された。

自殺対策基本法の制定と対策の強化

　自殺は、以前は個人的な問題としてとらえられていましたが、近年では、職場における過労やいじめ、多重債務など社会問題を反映しているものが多く、自殺対策の必要性から2006年6月に**自殺対策基本法**が制定されました。

　2007年6月には、政府が推進すべき自殺対策の指針として自殺対策の大綱（**自殺総合対策大綱**）が閣議決定され、**5年ごと**に見直しをしています。2012年8月の大綱では悩みを抱えた人が必要な支援を受けられるような支援策の重点的な実施が推進され、2016年4月には自殺対策業務が内閣府から厚生労働省（社会・援護局総務課）に移管されました。

　2017年の見直しでは、以下の目標が掲げられています。

①地域レベルの実践的な取り組みのさらなる推進

②子ども・若者の自殺対策、勤務問題による自殺対策のさらなる推進

③自殺死亡率を先進国の現在の水準まで減少することを目指し、2026年までに2015年比で30%以上の減少

　啓蒙活動として、2007年の大綱では毎年9月10日〜16日を「自殺予防週間」、2010年2月の「いのちを守る自殺対策緊急プラン」（自殺総合対策会議決定）においては毎年3月を「自殺対策強化月間」と定めています。

　2012年以降自殺者数が年間3万人を下回っていますが、OECD諸国と比較すると日本の自殺率は高水準です。2016年3月にはさらなる自殺対策の強化を図って自殺対策基本法が改正され、地域自殺対策推進の強化が盛り込まれました。

アルコール健康障害対策基本法の制定

　不適切な飲酒はアルコール健康障害の原因となります。また、家族への深刻な影響や飲酒運転、暴力、虐待、自殺の問題などと関連しています。

　そこで、2013年に**アルコール健康障害対策基本法**が制定されました。この法律では、国、地方公共団体、国民、医師等の責務を定めています。また、酒類の製造または販売を行う事業者は、アルコール健康障害の発生などの防止に配慮するよう努めることとされています。2016年5月には、「**アルコール健康障害対策推進基本計画**」が定められました。

③ 企業にとっての意義

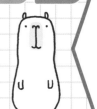

❶ メンタルヘルス対策はリスクマネジメントの一環 〔2種〕

☑ これだけはおさえよう！

● 企業が安全配慮義務に違反し、従業員に損害を与えた場合（過労死や過労自殺）には、高額の損害賠償責任が生じるリスクなどがある。

● ワーク・エンゲイジメントが高い人は、心身ともに健康で、仕事や組織に積極的に関わり、良好なパフォーマンスを有している。

▶ 過労死や過労自殺にともなう企業のリスク

　企業が安全配慮義務に違反し、過労死や過労自殺が発生すると、民事上の損害賠償責任が発生し、対外的な企業イメージの低下も避けられません。また、そこまで至らなかったとしても、従業員が強いストレスを感じ、メンタルヘルスを悪化させると、集中力や判断力の低下を招き、思わぬ事故やミスを引き起こすことにもつながります。他の従業員、顧客、地域住民の安全と健康を脅かすなどのケースも考えられます。そのため、企業はリスクマネジメントの一環として、メンタルヘルス対策に真剣に取り組む必要があります。

❷ 仕事と生活の調和を実現する 〔2種〕

☑ これだけはおさえよう！

● メンタルヘルス対策に取り組むことが、仕事と生活の調和（ワーク・ライフ・バランス）の実現につながる。

● ワーク・ライフ・バランスの実現によって、個人にとっても、企業にとってもメリットが期待できる。

ワーク・ライフ・バランス憲章の策定

　2007年の政労使合意により、「仕事と生活の調和（ワーク・ライフ・バランス）憲章」および「仕事と生活の調和推進のための行動指針」が策定されました。この憲章では、仕事と生活の調和が実現した社会を「国民一人ひとりがやりがいや充実感を感じながら働き、仕事上の責任を果たすとともに、家庭や地域生活などにおいても、子育て期、中高年期といった人生の各段階に応じて多様な生き方が選択・実現できる社会」と定義し、以下のような社会を目指すべきであると指摘しています。

●就労による経済的自立が可能な社会

●健康で豊かな生活のための時間が確保できる社会

●多様な働き方・生き方が選択できる社会

　仕事と生活の調和は個人の健康に影響を与えるだけではなく、少子化対策など社会の活力向上にもつながります。

図表1-7　行動指針で掲げる具体的な取り組みと主な数値目標

区分	具体的な取り組み	主な数値目標
就労による経済的自立	●人物本位による正当な評価に基づく採用 ●パート労働者などが正規雇用へ移行しうる制度づくり ●就業形態にかかわらない公正な処遇や積極的な能力開発	●女性25 ～ 44歳の就業率：77.6%→77% ●フリーターの数：138万人→124万人
健康で豊かな生活のための時間の確保	●労働時間関連法令の遵守の徹底 ●長時間労働の抑制、年次有給休暇の取得促進のための、労使による業務の見直しや要因確保 ●取引先への計画的な発注や納期設定	●週労働時間60時間以上の雇用者割合：6.4%→5% ●年次有給休暇取得率：52.4%→70% ●メンタルヘルスケアに関する措置を受けられる職場の割合：59.2%→100%
多様な働き方・生き方の選択	●育児・介護休業、短時間勤務、短時間正社員制度、テレワーク、在宅就業など、柔軟な働き方を支える制度の整備と利用しやすい職場風土づくり ●男性の育児休業などの取得促進に向けた環境整備 ●女性や高齢者などへの再就職・継続就業機会の提供 ●就業形態にかかわらない公正な処遇や積極的な能力開発	●短時間勤務を選択できる事業所割合：11.8%→29% ●男性の育児休業取得率：6.16%→13% ●6歳未満の子どもをもつ夫の育児・家事関連時間：1日あたり83分→2時間30分

注) 数値目標は、最新値→2020年の目標数値を示す。
出所：仕事と生活の調和推進官民トップ会議「仕事と生活の調和推進のための行動指針」（2007年、2016年一部改正）および仕事と生活の調和連携推進・評価部会「仕事と生活の調和レポート2019」（2020年）

3 生産性を向上させる

2種

組織の業績と生産性の向上

従業員がメンタルヘルスを悪化させると、従業員個人の集中力、判断力、生産性が低下するだけではありません。従業員が休職に至った場合は、その業務を分担する残った従業員の負荷も高まります。

米国立労働安全衛生研究所（NIOSH） の **「健康職場モデル」** によると、「従業員の健康や満足感と、組織の業績や生産性は両立できる」とされています。両者には相互作用があり、互いに **強化** することができるといわれています。

図表1-8　NIOSHの健康職場モデル

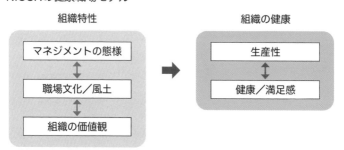

出所：Sauter, S.L., Lim, S.Y., Murphy, L.R. "Organizational health: a new paradigm for occupational stress research at NIOSH",『産業精神保健』4巻4号、pp.248-254, 1996年

アブセンティーズムとプレゼンティーズム

アブセンティーズムは、健康問題による仕事の欠勤（病欠）の状態です。プレゼンティーズムは、欠勤には至っておらず勤怠管理上は表面に出てきません

が、健康問題が理由で業務遂行能力や生産性が低下している状態です。これはWHO（世界保健機関）によって提唱された、健康問題に起因したパフォーマンス（生産性）の損失を表す指標です。2015年に東京大学政策ビジョン研究センターが実施した調査研究では、日本の3企業・組織の健康関連総コストを推計した結果、コスト全体のうち15.7％が医療費でしたが、アブセンティーズムは4.4％、プレゼンティーズムが77.9％を占め、プレゼンティーズムが**医療費を上回る最大のコスト要因**となっています。

▶ 健康経営モデル

健康経営とは「従業員の健康維持・増進の取り組みが、将来的に収益性等を高める投資であるとの考えのもと、健康管理を経営的な視点から考え戦略的に実践すること」です。経済産業省と東京証券取引所は、優良な企業を「健康経営銘柄」に選定し公表しています。また、経済産業省と日本健康会議は「健康経営優良法人認定制度」を実施しています。

❹ ワーク・エンゲイジメント　2種 3種

☑ これだけはおさえよう！

● ワーク・エンゲイジメントは「仕事に誇りややりがいを感じている」（熱意）、「仕事に熱心に取り組んでいる」（没頭）、「仕事から活力を得ていきいきとしている」（活力）の3つがそろった状態をいう。

● 「仕事の要求度」の低減と「仕事の資源」「個人の資源」の向上が、バーンアウト（ストレス反応）の低減にもつながる。

▶ ワーク・エンゲイジメントの高さと仕事の関係

ワーク・エンゲイジメントは、健康増進と生産性向上の両立に向けたキーワードとして、近年注目されています。ワーク・エンゲイジメントとは、**熱意**、**没頭**、**活力**の3つがそろった状態をいい、この対極の状態を**バーンアウト**（燃え尽き症候群）といいます。ワーク・エンゲイジメントが高い従業員ほど、心身が健康でパフォーマンスも良好であるといわれています。その特徴として、以下のことが挙げられます。

①心身の健康が良好で睡眠の質が高い

②職務満足や組織への愛着が高い

③自己啓発学習への動機づけや創造性が高い

④役割行動や役割以外の行動を積極的に行う

⑤部下への適切なリーダーシップ行動が多い

ワーク・エンゲイジメントを高めるモデル

　ワーク・エンゲイジメントを高める活動を考えるモデルに「**仕事の要求度－資源モデル**」があります。これは「**動機づけプロセス**」と「**健康障害プロセス**」の２つのプロセスから成り、動機づけプロセスは「仕事の資源／個人の資源→ワーク・エンゲイジメント→健康・組織アウトカム」、健康障害プロセスは「仕事の要求度（ストレッサー）→バーンアウト（ストレス反応）→健康・組織アウトカム」の流れを指しています。

　従来のメンタルヘルス対策では、「健康障害プロセス」に注目し、仕事の要求度によって生じたバーンアウト（ストレス反応）を低減させ、健康障害を防ぐことに専念していました。しかし、**仕事の要求度**（仕事の量的負荷や質的負荷、身体的負荷、対人葛藤、役割の曖昧さ）の低減だけでなく、**仕事の資源**（裁量権、上司や同僚からの支援、仕事の意義、組織との信頼関係）や**個人の資源**（自己効力感やレジリエンス）を向上させることで、バーンアウト（ストレス反応）の低減にもつながります。つまり、双方向のバランスが取れていない場合は、従業員はストレスを感じやすくなり、ワーク・エンゲイジメントが低下します。仕事の資源が豊富な場合、仕事の要求度が高くてもワーク・エンゲイジメントは低くならないといわれています。

図表1-9　仕事の要求度―資源モデル

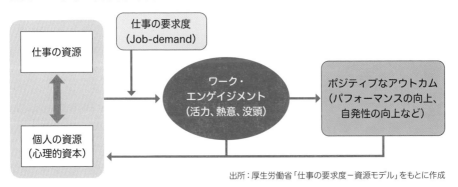

出所：厚生労働省「仕事の要求度－資源モデル」をもとに作成

心の健康づくり 計画の実施

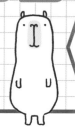

1 事業者による方針の意義と周知 2種 3種

✓ これだけはおさえよう！

- 事業者がメンタルヘルスに関する方針を表明することによって、活動の推進に結びつくことが期待される。
- 方針には、メンタルヘルスの重要性の認識、職場全体を巻き込んでの対策、プライバシーへの配慮、継続的実施などの内容を盛り込む。
- 方針は、さまざまな方法を用いて、"目に触れる"ようにすることが重要である。

▶ メンタルヘルスケアに関する方針の重要性

事業者が「メンタルヘルスケアに関する方針」を表明することによって、組織や個人にとってその仕事を積極的に行おうとするモチベーションにつながります。また、活動に一定の時間を割く正当性があり、安心して取り組むことができます。

▶ 方針に盛り込む内容と周知方法

方針には、次のような内容を盛り込みます。

①**メンタルヘルスケアの重要性**

②**職場全体**を巻き込んでの対策

③**プライバシーへの配慮**

④活動の**継続的実施**

この方針は、職場内に掲示する、関連するウェブサイトのトップページに掲示する、社内報に掲載する、社内メールで全従業員に配信するなどの方法で、**目に触れる**ようにして周知することが重要です。

2 心の健康づくり計画の策定と実施　2種 3種

心の健康づくり計画で定める事項

「労働者の心の健康の保持増進のための指針」では、次の7項目を定める事項として挙げています。

①事業者がメンタルヘルスケアを積極的に推進する旨の**表明**に関すること。

②事業場における心の健康づくりの**体制の整備**に関すること。

③事業場における**問題点の把握**及びメンタルヘルスケアの実施に関すること。

④メンタルヘルスケアを行うために必要な**人材の確保**及び事業場外資源の活用に関すること。

⑤労働者の**健康情報の保護**に関すること。

⑥心の健康づくり計画の実施状況の**評価及び計画の見直し**に関すること。

⑦その他労働者の心の健康づくりに**必要な措置**に関すること。

「事業場における労働者の健康保持増進のための指針」の一部改正（2023年4月1日適用）では、高齢労働者の健康管理、コラボヘルス推進、労働者の健康保持の改定により、労働者の健康保持増進がより効果的に行われることが期待されています。

メンタルヘルスケア実施の体制づくり

心の健康づくり計画を運営するためには、単に実施内容を集めたマニュアルを作成するだけでは不十分で、**方針を最高位の文書**として、上位文書であるシステム文書と、下位文書である実施要領、様式から構成される文書体系を構築します。

事業者のリーダーシップのもと、**職場のラインが中心**となって、**安全衛生担**

当部門のスタッフがサポートします。実施計画の策定は、**実施システム（体制）**と**具体的スケジュール**、**目標**からなります。通常年間計画を策定し、その進捗状況を毎月開催される**衛生委員会**（または**安全衛生委員会**）で確認し、体制を改善しながら実施します。その他、臨時的に発生する活動（職場復帰の際の面接など）がスムーズに実施されることが重要です。

目標と評価・改善

　心の健康づくり計画を策定したら、システムを用いて目指した目的が一定期間ごとにどの程度達成されたかを常に検証する必要があります。目標の評価項目では、優劣や採否を決めるための評価と、改善に結びつけるための評価がありますが、心の健康づくり計画は継続的な実施が必要であるため、評価の目的を改善に結びつけることが望ましく、目標を達成できなかった場合は**その原因を分析して、改善**を行います。そのため、達成目標は**具体的な数値**として活動の成否が明確になるように設定します。

例 管理職教育参加率、ストレスチェックによる高ストレス者の割合など。

　目標が達成できた場合は、さらなる改善や高めの目標設定をすることが望ましいとされています。メンタルヘルス対策で成果をあげるためには、一人ひとりが受け身にならず、目標や計画を理解して、積極的に役割を果たすことが重要です。また、現在の職場ではメンタルヘルスに関する課題がクローズアップされがちですが、職場には労働者の健康に関するさまざまな課題があり、それらは個別に存在するのではなく、メンタルヘルスケアも安全衛生活動の一部を構成するものです。

心の健康づくり計画において、ストレスチェック制度の位置づけを明確にすることが望ましいとされています。

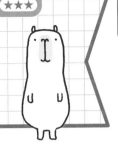

⑤ 管理監督者に求められる役割

① 組織のマネジメント

2種

☑ これだけはおさえよう！

- 近年では、健康や安全の活動にも時代の変化に対応し、組織的かつ体系的に取り組む仕組みが求められている。
- マネジメントは、組織のメンバーの一人ひとりに能力を最大限に発揮してもらえるような戦略や仕組みをつくり、計画を実行、管理する必要がある。マネジメントスキルには、「組織の７Ｓ」が参考になる。
- 労働安全衛生のリスクを管理し、組織がマネジメントシステムを計画・運用することで、組織のパフォーマンスを向上させる仕組みであるOSHMS（2018年、日本産業規格（JIS）制定）の認証が始まった。

▶ マネジメントの重要性

　近年では、健康経営や働き方改革、少子高齢化による労働力不足、AI（人工知能）やIoT（モノのインターネット）の発達による第４次産業革命の進展が、働く人の健康や安全にも影響を及ぼす大きな時代の転換期となっています。雇用形態や就業構造が多様化する中で、健康や安全の活動にも時代の変化に対応し、組織的かつ体系的に取り組んで継続的に改善していく仕組みが求められています。その仕組みの例として、健康経営を行っている企業を広く世間に知らしめ、優遇する顕彰制度として「健康経営銘柄」の選定（2014年度から）、「健康経営優良法人認定制度」の創設（2016年）があります。

　もう１つの仕組みとして、**日本産業規格（JIS）**が**労働安全衛生マネジメントシステム（OSHMS）**を制定しました（2018年９月）。どちらも、組織マネジメントの必要性から、管理監督者にもその知識や能力をつけておくことが求められています。

マネジメントとは

マネジメントは「経営」や「管理」の意味で使われています。管理監督者は、組織の目標を達成するために、組織のメンバーの一人ひとりに能力を最大限に発揮してもらえるような戦略や仕組みをつくり、計画を実行、管理する必要があります。組織を円滑に運営するために必要な要素には、マッキンゼー・アンドカンパニーが提唱した「組織の7S」があります。

●ハードの3S（経営者が比較的短期間に変更可能でコントロールしやすいもの）

戦略（Strategy）　組織（Structure）　システム（System）

●ソフトの4S（その会社で働く労働者によって決まるもので、通常簡単には変更できず、変更しにくいもの）

価値観（Shared value）　スキル（Skill）　人材（Staff）　スタイル（Style）

組織マネジメントは、管理監督者がそれぞれの要素ごとに考察し工夫を重ね、組織を円滑に運営しながら経営目標や健康管理目標を目指す手法として、有効に活用していくことが求められます。

管理監督者に必要なマネジメントスキル

管理監督者は、人事労務や組織論、ストレスマネジメントなどの幅広い知識のほか、マネジメント能力や人間関係調整能力（リーダーシップ）も必要ですが、管理監督者に求められるマネジメント能力のなかでも、マネジメントスキルは階層によって違いがあります（図表1-10参照）。

図表1-10　管理監督者階層ごとの求められるマネジメントスキル

経営者層（上層）のマネジメント
組織全体の経営計画の立案、経営戦略、事業戦略を検討・立案する役割
管理者層（中間層）のマネジメント
経営層を補佐し、経営層が決定した戦略をわかりやすく下層の監督者層に説明し、実行に移してもらう役割や、現場からの意見を適切に聞き取り、上層部のマネジメントに反映させる役割
監督者層（下層）のマネジメント
組織の現場を指揮し、上層部の示した方向性を現場に反映して実現を目指す役割

従来から、管理監督者にはリーダーシップが重要であるとして教育等に組み込まれてきましたが、近年では、**リーダーシップ**は、組織マネジメントに包含されるスキルの1つとして説明されるケースが多く、**組織の上位層**になればなるほど強いリーダーシップのスキルが必要とされます。

メンタルヘルスケアの目標設定と課題の認識

　組織のマネジメントで大切なのは、「その組織が向かうべき方向と達成すべき目標」を具体的に示すことです。さらに、決定した目標と現状とのギャップがどこにあるのかをしっかり確認し、課題を認識する必要があり、メンタルヘルスの課題は、組織とその組織に所属する労働者の両面から取り組み解決します。

PDCAサイクルの的確な運用と改善

　PDCAサイクルとは、P：Plan（計画）、D：Do（実施）、C：Check（評価）、A：Action（改善）の4段階を繰り返すことで、継続的な改善を行う手法です。OSHMSは、この仕組みを規格化したもので、管理監督者が定期的にチェックすることが重要です。PDCAサイクルを運用するのは、組織に所属するすべての人であり、的確に運用されているかは、組織の雰囲気や個人の理解度に大きく左右されます。

2　ラインによる職場環境の改善　　2種

☑ これだけはおさえよう！

● 過重労働を防止するには、「適正な時間管理」と「面接指導等の健康管理」の対応が重要である。

● 脳・心臓疾患にかかる重篤な基礎疾患を有する労働者にとっては、日常業務でさえ過重負荷となる。

● 長時間労働による睡眠不足は、脳血管疾患をはじめ虚血性心疾患、高血圧、血圧上昇などの心血管系への影響が指摘されている。

労働時間の管理

　米国のJohnsonらによる医学的な検討結果から、長時間にわたる労働や睡眠不足からくる疲労の蓄積が血圧上昇などを生じさせ、血管病変などがその自然経過を超えて著しく増悪すること、また、高い仕事の要求度、低いコントロール、低いサポートの組み合わさった状態が精神的緊張の最も高い状態であり、脳・心臓疾患をはじめとする疾病発症につながることが明らかになっています。

　労働安全衛生法の改正によって、事業者は労働者の健康診断の受診義務を課され、労働者はそれを受ける義務を負っています。事業者は、労働者に健康診

断を実施し、健康の保持に努める必要があると認められた労働者に対しては、医師または保健師による保健指導を行う**努力義務**があります。事業者は必要な情報を管理監督者に伝え、管理監督者は自分の部下の健康状態を把握して、健康状態の不安がある者については**産業医**、**産業保健スタッフ**と連携をとり、リスク防止策を実施しなくてはなりません。

図表1-11　労働時間、睡眠時間と過労死の関係の目安

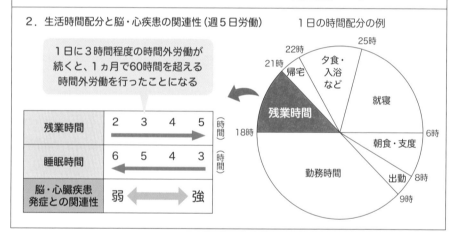

図表1-12　時間外・休日労働時間と業務との関連および事業場としての対応

時間外・休日労働時間	業務との関連	事業場としての対応
●月100時間を超える時間外労働 ●発症前2〜6ヵ月間に1ヵ月当たり80時間を超える時間外労働	業務と発症との関連性が強い	作業環境、労働時間、深夜業の回数、健康診断結果などの情報を産業医に提供し、労働者に産業医等の面接による保健指導を受けさせる
発症前1〜6ヵ月間に1ヵ月当たり45時間を超える時間外労働	時間外労働が長くなるほど、業務と発症との関連性が強まる	事業場における健康管理について産業医等による助言指導を受ける
発症前1〜6ヵ月間に1ヵ月当たり45時間以内の時間外労働	業務と発症との関連性が弱い	引き続き、時間外労働にならないよう見守る

図表1-13 労災認定基準に盛り込まれた「長時間労働がある場合の評価方法」

> **長時間労働がある場合の評価方法**
>
> 長時間労働に従事することも精神障害発病の原因となり得ることから、長時間労働を次の3通りの視点から評価します。
>
> **①「特別な出来事」としての「極度の長時間労働」**
>
> 発病直前の極めて長い労働時間を評価します。
> 【「強」になる例】
> ●発病直前の1ヵ月におおむね160時間以上の時間外労働を行った場合
> ●発病直前の3週間におおむね120時間以上の時間外労働を行った場合
>
> **②「出来事」としての長時間労働**
>
> 発病前の1ヵ月から3ヵ月間の長時間労働を出来事として評価します。
> 【「強」になる例】
> ●発病直前の2ヵ月間連続して1月当たりおおむね120時間以上の時間外労働を行った場合
> ●発病直前の3ヵ月間連続して1月当たりおおむね100時間以上の時間外労働を行った場合
>
> **③他の出来事と関連した長時間労働　恒常的長時間労働が認められる場合の総合評価**
>
> 出来事が発生した前や後に恒常的な長時間労働（月100時間程度の時間外労働）があった場合、心理的負荷の強度を修正する要素として評価します。
> 【「強」になる例】
> ●転勤して新たな業務に従事し、その後月100時間程度の時間外労働を行った場合
>
> 上記の時間外労働時間数は目安であり、この基準に至らない場合でも、心理的負荷を「強」と判断することがあります。
>
> ※ここでの「時間外労働」は、週40時間を超える労働時間をいいます。

出所：2020（令和2）年9月厚生労働省「精神障害の労災認定」パンフレットより

■ ラインによるケアの推進

「労働者の心の健康の保持増進のための指針」には、管理監督者におけるラインによるケアが挙げられています。指針は、ラインによる**職場環境等の改善**と個々の労働者に対する**相談対応**の両面から推進を求めています。職場環境の整備として、労働者の心の健康問題への気づきや対応についての教育研修を受ける必要があります。相談対応として、部下の話を聴くことで心の健康問題によい影響を与えることがありますが、自分だけで対応せず、事業場内外の産業保健スタッフに相談することが好ましいとされています。

理解度チェックテスト

次の各文を読み、適切なものは〇、不適切なものは✕と答えなさい。

Check!

☐☐☑	**1**	2018年の「労働安全衛生調査」によれば、「仕事や職業生活に関することで、強いストレスとなっていると感じる事柄がある」とした労働者の割合は、2017年と比べると増加している。
☐☐☑	**2**	労働安全衛生法に違反した場合は、一定の範囲で刑事罰の対象となる。
☐☐☑	**3**	2019年、パワーハラスメントは、セクシュアルハラスメント、マタニティハラスメントと同様に、男女雇用機会均等法において、事業者に対し措置義務が課された。
☐☐☑	**4**	「労働者の心の健康の保持増進のための指針」（メンタルヘルス指針）は、労働安全衛生法に基づき、事業者の健康保持増進措置に関する努力義務の内容として定められた。
☐☐☑	**5**	1ヵ月間の時間外・休日労働時間が100時間を超え、面接の申出をした一般労働者は、面接指導の対象である。
☐☐☑	**6**	企業が安全配慮義務に違反し、従業員が過労死や過労自殺した場合には、企業に民事上の損害賠償責任が生じる。
☐☐☑	**7**	アブセンティーズムとは、欠勤には至っておらず勤怠管理上は表面に出ていないが、健康問題が理由で業務遂行能力や生産性が低下している状態をいう。
☐☐☑	**8**	ワーク・エンゲイジメントが高い労働者は、心身の健康を損なう可能性が高いといわれている。
☐☐☑	**9**	米国のJohnsonらは、高い仕事の要求度、高いコントロール、低いサポートが組み合わさった状態が精神的緊張の最も高い状態であり、脳・心臓疾患をはじめとする疾病発症のリスクが高いとする報告をしている。

不適切。全体として2017年は58.3%、2018年は58.0%と減少している。女性62.6%→55.4%（減少）、男性55.3%→59.9%（増加）。　→P14参照	✕
適切。労働安全衛生法は、最低の労働条件基準を定める取締法規であり、違反した場合には一定の範囲で刑事罰の対象となる。　→P20参照	◯
不適切。パワーハラスメントは、労働施策総合推進法。　→P23参照	✕
適切。労働者の心の健康の保持増進のための指針（メンタルヘルス指針）は、2006年に努力義務の一内容として定められた。　→P24参照	◯
不適切。100時間ではなく80時間。　→P30参照	✕
適切。したがって、企業は従業員のメンタルヘルスケアに関して、リスクマネジメントの一環として真剣に取り組まなければならない。　→P35参照	◯
不適切。プレゼンティーズムの説明である。WHO（世界保健機関）によって提唱された健康問題に起因したパフォーマンス（生産性）の損失を表す指標。アブセンティーズムは、健康問題による仕事の欠勤（病欠）の状態。　→P37参照	✕
不適切。ワーク・エンゲイジメントが高い人は、心身の健康が良好で、仕事や組織に積極的に関わり、良好なパフォーマンスを有している。　→P38参照	✕
不適切。米国のJohnsonらは、高い仕事の要求度、低いコントロール、低いサポートが組み合わさった状態が精神的緊張の最も高い状態であり、脳・心臓疾患をはじめとする疾病発症のリスクが高いとする報告をしている。　→P45参照	✕

Check!		
☐☐	**メンタルヘルス** (英: mental health)	厚生労働省の「労働者の心の健康保持増進のための指針」において「ストレスや強い悩み、不安など、労働者の心身の健康、社会生活及び生活の質に影響を与える可能性のある精神的及び行動上の問題を幅広く含むもの」と定義が示されている。
☐☐	**労働安全衛生法**	1972年に「職場における労働者の安全と健康を確保するとともに、快適な職場環境の形成を促進する」目的で制定された法律。
☐☐	**安全配慮義務**	裁判の判例の積み重ねとして認められてきた概念。2008年3月に施行された労働契約法第5条で、「使用者は、労働契約に伴い、労働者がその生命、身体等の安全を確保しつつ労働することができるよう、必要な配慮をするものとする」と明文化された。
☐☐	**ハラスメント** **(嫌がらせ)**	労働施策総合推進法により、2020年から施行されたパワハラ(パワーハラスメント)防止法のほかに、男女雇用機会均等法では、セクハラ(セクシュアルハラスメント)、マタハラ(マタニティハラスメント)が措置義務となっている。
☐☐	**仕事と生活の** **調和推進のための** **行動指針**	個々の企業の実情に合わせて、労使で話し合いながら自主的に取り組む活動内容とともに、社会全体としての達成を目指す数値目標を示している(P36図表1-7参照)。
☐☐	**ストレスチェック** **制度**	定期的に労働者のストレスの状況について検査を行い、メンタルヘルス不調のリスクを低減させる。年1回以上定期的に実施することを事業場(常時50人以上の労働者を使用)に義務づけた(労働者に受診義務はない)。
☐☐	**健康職場モデル**	米国立労働安全衛生研究所(NIOSH)が提示した考え方で、従業員の健康や満足感を維持・向上させることが、組織の生産性向上に寄与するとするもの。
☐☐	**自殺総合対策大綱**	2017年の自殺総合対策大綱(2007年閣議決定、5年ごとの見直し)では、自殺死亡率を先進国の現在の水準まで減少することを目指し、2026年までに2015年比で30%以上減少させることを目標に掲げている。
☐☐	**ワーク・** **エンゲイジメント**	「仕事に誇りややりがいを感じている」(熱意)、「仕事に熱心に取り組んでいる」(没頭)、「仕事から活力を得ていきいきとしている」(活力)の3つがそろった状態であり、バーンアウト(燃え尽き症候群)の対概念として位置づけられている。

第 2 章

MENTAL HEALTH ♥ MANAGEMENT

ストレスと
メンタルヘルスに
関する基礎知識

出題傾向

　第2章からは、ストレスによる健康障害のメカニズム、職業性スト
レスモデルなどが出題されやすい傾向にあります。その他、ストレス
関連疾患およびメンタルヘルス不調、その治療法についても出題され
ています。うつ病や適応障害、睡眠障害は職場でもよくある疾患です。
心の健康問題を偏見なく、正しく理解しておくこともポイントです。

① ストレスの基礎知識

❶ ストレスとは

2種 3種

> **☑ これだけはおさえよう！**
>
> ●個人にとって負担となる出来事や要請を「ストレッサー」といい、ストレッサーによって引き起こされる精神症状や身体症状を行動の変化を含めて「ストレス反応」という。
>
> ●初期段階でストレス要因が軽減されたり、適切なストレス対処が行われたりすると、病気までには至らず、回復も早くなる。

▶ ストレスの定義

　ストレスを生じさせる刺激のことを**ストレッサー**といい、一般的にはストレッサーをストレス要因、ストレス負荷、ストレスの原因などと呼びます。ストレッサーによって引き起こされた**ストレス反応**のことをストレス状態、または両者を区別しないで**ストレス**と総称しています。

▶ ストレッサーの種類

　ストレッサーには、メンタルヘルス不調に関係が深い**心理社会的ストレッサ**

図表2-1　ストレッサーの4分類（参考）

心理社会的ストレッサー	職場や家庭、学校における立場や役割にともなう負担、人間関係にともなう負担など
化学的ストレッサー	化学物質による臭気や接触、吸入時の刺激など
生物学的ストレッサー	細菌感染、花粉など
物理的ストレッサー	寒冷、高温、騒音など

ーのほかに、**化学的ストレッサー**、**生物学的ストレッサー**、**物理的ストレッサ
ー**があります。

■ ストレスの反応の現れ方

　ストレス反応は、初期段階でストレッサーを軽減したり、適切なストレス対
処を行ったりすると回復も早くなりますが、うつ病の状態まで進むと、回復に
時間がかかります。ストレス反応が長く続くと、まずは**身体症状**（倦怠感など）
が出て、次に**精神症状**（不安やイライラ）が現れ、**社会活動性が低下**し、**うつ
状態やうつ病**になると、抑うつ状態、無力感、自責感、希死念慮（自殺したい
という考え）が出現します。

図表2-2　ストレス反応のプロセス

2 ストレスのメカニズム　2種 3種

✓ これだけはおさえよう！

● ストレッサーに直面すると、体の内部では、負担の大きさを脳の大脳皮質で評価、
　ストレスとして認知し、情報が大脳辺縁系に伝達され、感情が発現する。

● 大脳辺縁系で発現した神経細胞の興奮は、視床下部に伝えられ、自律神経系・内分
　泌系・免疫系の反応（ストレス反応）を引き起こす。

■ ストレスが引き起こす健康障害のメカニズム

　人はストレッサーに直面すると、脳の海馬に蓄積された過去の経験や記憶に照らし合わせて、**大脳皮質**で苦痛の程度が評価され、ストレスとして認知されます。その情報は、**大脳辺縁系**に伝達され、不安や怒り、不満などの感情を引き起こします。

　これらの感情が刺激となって、**視床下部**に伝えられ、**自律神経系・内分泌系・免疫系**のストレス反応を引き起こします。

■ メンタルヘルス不調の発生

　ストレッサーに直面したことで生じた感情は、脳内のノルアドレナリン、ドーパミン、セロトニンなどの**神経伝達物質**が引き起こしたもので、不安や抑うつ気分、意欲、活動性などと密接に関係しています。この神経伝達物質の産生や伝達が阻害されることで、**うつ病**や**不安障害**などのメンタルヘルス不調が起こります。

■ ストレス関連疾患

　大脳辺縁系への刺激が**内分泌系**の中枢である**視床下部**に伝わり、神経細胞が活性化されると、脳下垂体や副腎を刺激するコルチゾール（副腎皮質ホルモン）やアドレナリンなどが生産されます。コルチゾールには糖の産生、胃酸分泌促進、免疫抑制などの作用があり、糖尿病・十二指腸潰瘍・感染症にかかりやすくなります。アドレナリンは強いストレス状態や不安を感じる状況で分泌され、血圧や心拍数の増加、血液凝固などの作用があります。**自律神経系**には、交感神経系と副交感神経系があり、強いストレッサーに直面すると**交感神経系**が優位になり、アドレナリンが出て、高血圧や狭心症、心筋梗塞、不整脈、脳卒中、不眠の原因となります。一方、**副交感神経系**は、睡眠や休息でリラックスしているときや、食後などに優位になり、消化器の機能も調整しているため、胃・十二指腸潰瘍や下痢、腹痛、便通異常をきたす**過敏性腸症候群**の発症に関連しています。**免疫系**は、感染、がんの発生などに関与し、免疫力の低下により、感冒、ヘルペス、慢性扁桃炎などがみられます。内分泌系、自律神経系、免疫系は、生体のバランスを保つための生命維持機構で、急性の強いストレスや慢性ストレスがかかる状態では身体のバランスが保てなくなり、**ストレス病**（何らかの健康障害）が発生します。

図表2-3 ストレスによる健康障害のメカニズム

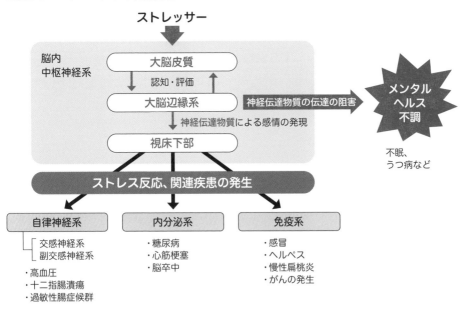

3 ストレス増加の社会的背景と産業ストレス 2種 3種

☑ これだけはおさえよう！

● 企業内外の急速な構造的変化にともなう労働環境の変化が労働者のストレスを増加させている。

● 研究開発部門、システムエンジニア、企画・管理部門、営業部門で働く人の質的・量的労働負荷が増える傾向にある。

● 「職業性ストレスモデル」(NIOSH) は、職場のストレスと疾病の発生を総合的に理解し、メンタルヘルス対策を進めていくうえで参考になる。

◆ 労働環境の変化とストレス増加

　企業を取り巻く環境は、近年の経済のグローバル化や技術革新、情報通信産業の進展により、急速な**構造的変化**を遂げています。こうした社会の変化に対応するために、政府は働き方改革を推進し、テレワークの導入やオンラインツールの活用が急速に進んだことで、在宅勤務の増加など、働き方や家族のあり方も変わりつつあります。このような**労働環境の変化**から労働者のストレスが増え、メンタル不調も増加しています。

▶ 職業性ストレスの特徴

職場におけるストレスを**職業性ストレス**といいますが、特に、研究開発部門、システムエンジニア、企画・管理部門、営業部門でストレスが増える傾向にあります。最近は**ハラスメント（パワハラ、セクハラ、マタハラ）**が職業性ストレスの要因として増加していますが、これらは女性の活躍を阻む原因の1つになっています。

▶ 職業性ストレスモデル

米国立労働安全衛生研究所（NIOSH）による職業性ストレスモデルは、最も包括的なモデルとされています。職場のさまざまなストレッサー（人間関係、対人責任性、過重労働、職場環境など）によって個人に心理的負荷がかかると、心理面、生理面、行動面のストレス反応が出現し、ストレッサーが非常に強い場合や職場以外のストレッサーがいくつか重なったとき、あるいは長期にわたってストレスがかかり、その限界を超えると、何らかの**疾病**が発生することを示しています。年齢、性別、性格や行動パターン、自己評価などの個人的要因が、ストレス反応の強さに大きな影響を与えます。

具体的な疾病の例としては、うつ病や不安障害、適応障害などのメンタルヘルス不調、高血圧症や脳卒中、心筋梗塞などの脳・心臓疾患などがあり、最悪の場合は過労自殺や過労死に至ります。

図表2-4　NIOSHの職業性ストレスモデル

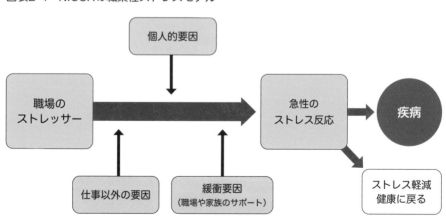

出所：厚生労働省ホームページ　こころの健康気づきのヒント集をもとに作成
（https://www.mhlw.go.jp/stf/seisakunitsuite/bunya/0000055195_00004.html）

年齢層別のライフサイクルとストレス

①新入社員、若年労働者の特徴とストレス

- 協調性、役割の遂行、責任が求められ、人間関係や役割にともなう葛藤が生じる機会が増える。
- 一部に、自己愛が強く協調性や忍耐力が乏しかったり、他責傾向などから、メンタルヘルス不調に陥り、休職する事例が増えている。

②壮年労働者の特徴とストレス

- プレーイングマネージャーとして実務遂行力と戦略立案、方向性の指示力の両面が求められ、業務内容が複雑化してストレスが増える。
- 中途採用されると、社風や仕事の進め方、評価制度の違いになじめず、人間関係の問題も発生しやすい。結婚等で新たな役割が増える。

③中高年労働者の特徴とストレス

- 体力や記憶力、新しい環境への適応力などが低下し、心身機能の衰えに直面する。
- 一方で指導的立場に立ち、部下を管理することや成果を出すことが求められ、責任が重くなる。うまくやれない場合はメンタルヘルス不調に陥る。

④高年齢労働者の特徴とストレス

- 定年後の再雇用や定年延長により、高年齢者が増える。
- 体力や記憶力、反射神経機能、新しいことを覚える力（記銘力）、記憶を呼び起こす力（想起力）が低下する。
- 新しい情報を獲得し処理する能力（**流動性**知能）は低下するが、知識や経験を活かして総合的に判断する能力（**結晶性**知能）は、経験とともに80歳まで上昇し続ける。
- 親の介護や家族の死、自分自身の病気などによるストレスが増える。

⑤女性労働者の特徴とストレス

- 職場におけるストレス：役割にともなうストレス、ハラスメント（セクハラ、パワハラ、マタハラ）を含む人間関係のストレス、キャリアストレス、産後の職場復

- 帰にともなうストレス、雇用形態にともなうストレス。
- 家庭におけるストレス：ワーク・ファミリー・コンフリクト（仕事と家庭の両立にともなう葛藤）、家庭内暴力（DV）、モラルハラスメント、育児や介護にともなうストレスなど。
- 女性特有の生理学的特性にともなうストレス：月経痛、月経前症候群、更年期障害、出産にともなう精神的・身体的疲労と出産時のケア。

2016年に厚生労働省が行った「職場のパワーハラスメントに関する実態調査」によると、過去3年間にパワハラの相談を受けた企業は**36.3**％で、パワハラを受けた労働者は**32.5**％でした。また、男女雇用機会均等法および育児・介護休業法においてセクシュアルハラスメントや妊娠・出産・育児休業などに関するハラスメントにかかる規定の一部が改正され、相談したこと等を理由とする不利益取り扱いの禁止や、国、事業主および労働者の責務が明確化されました。また、2019年に労働施策総合推進法（旧雇用対策法）が改正され、職場におけるパワーハラスメントの防止対策が事業主に義務づけられました（中小企業は2022年4月1日から義務化）。

⑥非正規雇用者の特徴とストレス

2020年の総務省の労働力調査では、役員を除く雇用者総数は5,629万人（男性53.5％、女性46.5％）で、正規雇用者3,539万人（男性66.3％、女性33.7％）、非正規雇用者2,090万人（男性31.8％、女性68.2％）と報告されています。女性労働者は、正規雇用者が45.6％、非正規雇用者が54.4％で非正規雇用が多くなっています。非正規雇用者のストレスに関する特徴は以下のとおりです。

- 不安定な雇用や賃金・待遇への不満、人間関係が希薄であることなど。
- 非正規雇用者のなかでも、自ら希望した者よりも、不本意ながら非正規になった者のほうが心身症状（ストレス）が多く、失業者に近い特徴を示す。
- 正規雇用者よりも非正規雇用者のほうがストレスが大きい。
- 非正規雇用者や失業者でも、自発性の有無がメンタルヘルスにとっての重要な要因になる。
- 現在の就業状況にかかわらずポジティブなキャリア感をもつことが、非正規雇用者のメンタルヘルスにとって重要である。

② メンタルヘルス不調の基礎知識

1 ストレスと身体の健康バランス　2種 3種

☑ これだけはおさえよう！

● ストレス反応は、心理的側面、身体的側面、行動的側面の3つの側面に分けられる。

● ストレス状態では、"心・技・体"に乱れが生じて、心身症やメンタルヘルス不調につながる可能性が高くなる。

▶ ストレス反応の3側面

　"心・技・体"の3つのバランスを整えることが身体の健康では大切ですが、このバランスが崩れると、それぞれにストレス反応が現れます。

● **身体面**：動悸、冷汗、胃痛、吐き気、下痢、手の震え、筋緊張による頭痛、頭重感、疲労感、食欲低下、不眠、めまい、ふらつきなど

● **行動面**：遅刻や欠勤、ミス（エラー）、アクシデント、頻発する口論やトラブル、飲酒量や喫煙量の急増など

● **心理面**：不安、緊張、怒りやイライラ、興奮、混乱した状態、落胆、憂うつな気分など

図表2-5　ストレス反応の出方

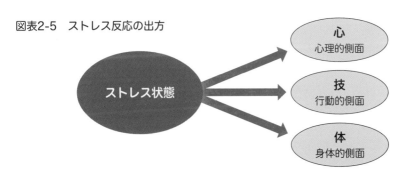

これらの危険信号が労働者にみられた際には、管理監督者として早期に対処することが必要です。

② メンタルヘルス不調とその症状 2種 3種

☑ これだけはおさえよう！

- ●メンタルヘルス不調とは、精神障害のみならず、出勤困難、職域での人間関係上のストレスや仕事上のトラブルの多発、多量飲酒などを含めた心の不健康状態を総称する用語である。
- ●労働者にみられるメンタルヘルス不調・精神疾患には、うつ病、躁うつ病、統合失調症、アルコール依存症、パニック障害、適応障害、睡眠障害、発達障害、心身症などがある。
- ●心身症とは、身体疾患の中で、その発症や病状変化と心理社会的要因との間に時間的関連性が認められるものを指す。
- ●職場でみられやすい心身症には、過敏性腸症候群、緊張型頭痛、摂食障害などがある。

▶ メンタルヘルス不調とは

　メンタルヘルス不調について、「労働者の心の健康の保持増進のための指針」（2006年）では、精神および行動の障害に分類される精神障害や自殺のみならず、ストレスや強い悩み、不安など、労働者の心身の健康、社会生活および生活の質に影響を与える可能性のある精神的および行動上の問題を幅広く含むものをいう」と定義されています。メンタルヘルスが不調になった初期には、精神面よりも身体面や行動面に変化が最初に現れてくることが少なくありません。管理監督者は、職場のストレスについて、労働者自身のセルフケアを支援すると同時に、メンタルヘルス不調を予防する職場環境の改善に積極的に取り組むことが求められます。

▶ 労働者のメンタルヘルス不調と健康保持増進事業推進

　職場のトータル・ヘルスプロモーション・プラン（THP：労働者の心身両面にわたる健康づくり）では、2020年4月の改正により、若い年代から健康づくり活動に取り組むことや、集団に対して健康増進を働きかけること（ポピュレーションアプローチ）などが推進されています。

労働者にみられるメンタルヘルス不調・精神疾患・心身症の特徴

うつ病（うつ状態）

- 人口の1〜3％にみられる疾患。一生のうちに一度でもうつ病にかかったことのある人は7％前後とされている。本人が「うつ病」とは気づきにくい。
- これまで社会適応のよかった人に起こる傾向がある。**興味の減退と、快体験の喪失が2週間以上継続**し、毎日何気なく繰り返してきた行為がつらくなった場合は、うつ病が疑われる。
- **対応の原則**：休養と服薬。療養中は業務から完全に解放する。数ヵ月間（3〜6ヵ月程度）は**自宅療養**が必要。復職後も最低でも半年程度は通院・服薬を継続する。再発の危険性が非常に高い。責任感が強く几帳面で真面目、他者への配慮にすぐれ、何かあると自分を責めてしまうという性格が主流であった。
- 近年、若者層を中心に組織への帰属意識が希薄で、ともすれば自己中心的で他者配慮に乏しく、責任感が弱く回避的で、環境や周囲に問題を責任転嫁するといった社会的に未熟な性格傾向から反応的にうつ病になる傾向もみられる。
- その場合は、睡眠覚醒リズムの確立に向けた生活指導や、帰属意識・役割意識を改善するような精神療法的対応が求められる。
- 療養中は、**業務から完全に開放されることが必要**。

躁うつ病（双極性障害）

- 人口の**0.5％前後**にみられる。うつ病と対照的な躁病という2つの病態がみられる。躁病では睡眠時間が減少していても活動性が高まり、**抑制や配慮に欠ける言動**の結果、**尊大で横柄な態度**となり、職域や周囲の人とトラブルを起こすことが少なくない。
- 軽躁レベルでは、**病識**（自分が病気であるという認識）が**乏しく**、治療につなげるのが難しい。入院治療の必要性がある躁状態をともなう**双極Ⅰ型障害**と、テンションや活動性は高いものの、顕著な社会的トラブルや入院には至らない**双極Ⅱ型障害**がある。
- 気分が高揚し、怒りっぽい日やテンションの高い日が4〜5日間続く抑うつ状態は、双極性Ⅱ型を視野に入れた対処が必要である。

統合失調症（旧精神分裂病）

- 生涯有病率は**0.55％**とされる。10代後半から30代前半の若年者に発症しやすい。**妄想**（実際にはあり得ない考えにとらわれ、根拠に基づく説得を試みても受け入れられない思考のことで、誇大妄想や被害妄想がある）や**幻聴**

（自分の悪口や嫌なうわさ話が聞こえてくるなど）が特徴。

- 幻覚・妄想などの**陽性症状**が安定した後でも、**陰性症状**のコミュニケーション障害、意欲・自発性欠如、引きこもり傾向などが後遺障害として残りやすい。
- 仕事をしながら治療することは難しく、比較的長期の休職が必要となることが多い。
- 陽性症状には薬物療法が有効。陰性症状には十分な効果が出ない場合が多く、長期的な視点での支援が必要。

アルコール依存症

- **ブラックアウト**（飲酒時の記憶を失うこと）が起こるようになると、毎日飲まずにはいられなくなり（**精神依存**）、アルコールが切れると手の震え・冷汗が出る・イライラする・不眠といった症状が出る（**身体依存**）。
- 治療は断酒が基本だが、断酒継続のためには職場や家族の協力、断酒会やAA（匿名アルコール依存症者の会）など自助グループへの参加が必要。予防的対処（アルコールとの節度あるつきあい方）が重要。

パニック障害

- 突然理由もなく**不安発作**（動悸、めまい、発汗、手足の震え、息苦しさ、非現実感など）が起こることが繰り返される。
- 「また発作が起こるのではないか」という**予期不安**により、**外出恐怖、広場恐怖**（電車に乗れない、人の多い場所へ外出できないなど）が起こる。
- 薬物治療を中心に**治療法が確立**している（服薬は1年以上の継続が必要）。

適応障害

- 職場や家庭などにおいて、ある状況や出来事にうまく適応できなくなった結果、身体的・精神的・社会的に不都合な症状が出た状態である。
- **はっきりと確認できるストレス要因**の発生から1～3ヵ月以内に発症し、頭痛・めまい・不安・憂うつな気分・行為障害（無断欠勤、喧嘩、無謀運転など）が出現し日常生活に支障をきたす。
- ストレス要因から離れることで症状は改善し、症状の持続は通常**6ヵ月を超えない**。うつ病や不安障害などの精神疾患に該当するほどに重篤な症状ではない。
- 職場では、仕事の量・質・対人関係などのストレスがかかったとき、うまく乗り越えられない状況で発症することが多い。
- ストレス要因を軽減する環境調整と同時に、本人の**脆弱性**やストレス対処能力を高める観点が重要である。

睡眠障害

- 夜間に眠りたくても眠れない不眠症、昼間に強烈な眠気におそわれる過眠症、昼と夜の社会生活上のリズムと睡眠覚醒リズムが大きくずれてしまう概日リズム睡眠障害、睡眠中の呼吸障害により生じる睡眠関連呼吸障害などがある。

- 寝つくのに30分〜１時間以上を要し苦痛が生じる入眠障害、いったん入眠した後、夜中に何度も目が覚めてしまう中途覚醒、通常の起床時刻の２時間以上前に目が覚め、その後眠れない早朝覚醒、眠りが浅く熟睡した感じが得られない熟眠障害がある。週３回程度以上眠れない状態が１ヵ月以上継続し、本人が苦痛を感じ、社会的（職業的）活動に支障が出ている場合は、不眠症と診断される。

- 日中の耐え難い眠気発作と居眠りを特徴とする過眠症の代表的な疾患としてナルコレプシーがあり、通常では考えられない状況下で発作的に眠ってしまう。

- 睡眠時無呼吸症候群：睡眠中に10秒以上無呼吸や低呼吸（呼吸が弱くなる）が反復して認められる。喉の構造異常や肥満により、気道が狭くなる閉塞性タイプ、呼吸運動機能の異常で起こる中枢性タイプがある。

発達障害

- 発達障害者支援法では、「自閉症、アスペルガー症候群その他の広汎性発達障害、学習障害、注意欠陥多動性障害、その他これに類する脳機能の障害であって、その症状が通常低年齢において発現するもの」と定められている。発達障害には複数の疾患が併存していることが多く、精神疾患やパーソナリティ障害との鑑別は高度の専門性が必要とされる。

- 職場では、不注意・多動性・衝動性などの問題を抱える注意欠如・多動症（ADHD）、社会性や関係性の想像力、コミュニケーション能力に偏りがあり対人交渉に質的問題を抱える自閉スペクトラム症／自閉症スペクトラム障害（ASD）が事例化しやすい。職場では、診断されるかどうかより、本人が「何ができて何ができないのか」「どのような支援があれば業務を遂行できるのか」という具体的な対応を考えるほうが重要である。

- ADHDの長所としては、好きなことへの高い機動力、活動的、積極的、雄弁、ひらめきや行動力があることが挙げられ、ASDの長所としては、ルールをきちんと守る真面目さ、周囲に影響されない意思の強さ、ユニークな発想、得意分野への強い知識欲や話題の豊富さ、職人としての能力の高さなどが挙げられる。

- ADHDの治療には薬物が有効な場合があるので、環境調整や本人の自己理解と同時に、早期の治療や薬物療法の検討が必要である。

心身症

- **心身症**とは、胃潰瘍や十二指腸潰瘍、糖尿病などの身体疾患のうち、その発症や経過が心理社会的要因（ストレス）と明らかに関連しているもの（**心身相関**）のこと。心の病とは異なり、身体疾患の病態。より重篤な疾患として心筋梗塞が起こることもある。
- **過敏性腸症候群**：検査をしてもポリープやがんなどの病変は認められないが、腹痛をともなう下痢や便秘などの症状が繰り返し出現する大腸の疾患。
- 下痢型、便秘型、下痢と便秘の交替型（不安定型）がある。
- 自覚症状を軽減し心身相関への気づきを促すことで、本人が自分で症状をコントロールできるよう指導する。日常生活では、規則正しい食習慣と節酒、十分な休養と睡眠による心身のリズムの回復が大切。
- **緊張型頭痛**：頭を締めつけられているような、連続性の痛みが特徴。**認知行動療法**が有効な場合があり、「頭痛」を、痛みにともなう「苦痛」と「痛み行動」に分けて考える。治療では「痛み行動」に焦点を当て、「痛くてもできることはある」「散歩することで頭痛が和らいだ」というように**認知を修正**する。
- **摂食障害**：思春期から青年期にかけて**女性**に多くみられる疾患。
- 神経性食欲不振症は、やせたいという強い願望や太ることを極端に恐れる気持ちが特徴。食事をとらなかったり、食べたものを吐いたり、下剤を乱用したりする。仕事を休まず続けるなど、**活動性は高い**。
- 神経性大食症（過食症）は一度に大量の食べものを食べ、直後に吐いたり、下剤・利尿剤を乱用したりすることで体重増加を何とか防ごうとする。
- 治療は困難で長期化することが多い。本当に困っている問題（対人関係やアイデンティティに関するものなど）は何なのか、背景にあるものを探索し、じっくり解決していくことが必要。

▶ 職場でのメンタルヘルス不調への対処

　管理監督者は、日頃から部下とコミュニケーションを取り、パフォーマンス低下、勤務状況や対人関係の悪化などメンタルヘルス不調のサインとなる行動を**早期発見**し、**対処する**ことが大切です。従業員に対して安全配慮義務を負担するのは企業ですが、実際にこの義務を履行するのは管理監督者で、職場内の調整を行い、疾病が疑われる場合は、産業保健スタッフや医療につなげることが**安全配慮義務上の責務**と考えられます。メンタルヘルス不調は、病態や対処が原理原則に基づかないことも多く、個別性が極めて高い疾病です。1人で抱え込まず、**チームで抱える**ことを原則とし、事業場外資源の活用も検討します。

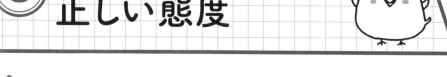

③ メンタルヘルスへの正しい態度

1 メンタルヘルス不調に対する誤解とその対策 2種 3種

☑ これだけはおさえよう！

● うつ病などのメンタルヘルス不調は特殊な人の心の病ではなく、職場というシステムの問題としてとらえ、手遅れにならないうちに医療につなげるシステム構築が肝要である。

● メンタルヘルス不調による健康損失、これによる労働力損失は、経営上の最重要テーマである。

● 2013年に障害者差別解消法と改正障害者雇用促進法が成立し、精神障害者を巡る労働環境が大きく変わった。

▶ 特殊な人の問題という誤解

　公益財団法人日本生産性本部が2019年に実施した調査結果では、32.0％の企業が過去3年間に企業内の「心の病」が**増加**傾向にあると回答しています。心の病が最も多い年齢層は、近年「**10代～20代**」が初めて**30％**を超え、「10代～20代」「30代」「40代」が30％前後と並んでいます。また、文部科学省の調査では、2017年度に休職した公立の教職員の**65.1％**を**うつ病**などの**精神疾患**が占め、精神疾患における休職者数は2007年度以降5,000人前後で推移しています。また、2016年度に国家公務員がとった1ヵ月以上の長期病欠の原因は、1位がうつ病などの**精神疾患**（65.5％）となっています。

　メンタルヘルス不調を特殊な疾病や例外的な状態とする立場がありますが、メンタルヘルス不調になる可能性を事前に察知することは医学的に困難で、従来型のうつ病と似た病前性格として、**周囲への配慮や秩序を重視する**という特性があり、過労自殺と認定された人の多くが、仕事ができる人と評価され、**7割以上が治療を受けていない**ことなどが挙げられます。うつ病やメンタルヘル

ス不調は特殊な人の心の病ではなく、誰もが状況によってはメンタルヘルス不調になり得るのです。

企業経営上は影響を受けないという誤解

　メンタルヘルス対策を講じても企業の経営上のプラスにはならないという誤解があります。しかし、過労自殺や過労死が発生すれば、職場の生産性が低下し、損害賠償が生じて事業者の管理責任が問われることになります。メンタルヘルス不調の状態が継続すると、職場の活性低下を招き、事故やミスの発生と隠蔽という大きなリスクにつながり、**労働力の損失**も看過できません。

　ワシントン大学保健指標評価研究所（IHME）、世界保健機関（WHO）、ハーバード大学、東京大学など7つの機関は共同で**DALYs**（疾病や傷害を原因とする平均余命短縮およびQOL（生活の質）低下による損失の合計）を検討し、日本人（15歳〜49歳）の健康損失の多くが上位10原因により発生していることがわかりました。**精神疾患**が第2位、**自傷・自殺**および暴力が第4位と上位を占めており、メンタルヘルス不調による損失は決して小さいものではありません。

図表2-6　日本におけるDALYs損失原因の上位10疾患
　　　　　（対象：15〜49歳男女、2019年調査）

順位	原因疾患
1位	筋骨格系疾患（腰痛、頸部痛ほか）
2位	精神疾患
3位	その他の非感染性疾患
4位	自傷・自殺、暴力
5位	悪性新生物（各種がん、悪性腫瘍、白血病など）
6位	不慮の事故
7位	脳神経系疾患（脳卒中、アルツハイマー病、パーキンソン病など）
8位	虚血性心疾患
9位	皮膚疾患
10位	消化器系疾患

出所：https://vizhub.healthdata.org/gbd-compare/

メンタルヘルス不調は治らないという誤解・偏見

メンタルヘルス不調は、その人の病気のなりやすさ（**発症脆弱性**）とストレスを引き起こす環境要因が複雑に絡み合って生じる（**脆弱性ストレスモデル**）ので、単純な遺伝性疾患として説明することはできません。たとえば、

● **早期の治療的対処**により脆弱性を小さくする
● 職場や家庭でのストレスを軽減する
● 周囲からの適切なサポートを活用する
● ストレス対処法を身につける

などの工夫で、メンタルヘルス不調を防ぐことが重要です。

残業をがんばるのが美徳だという誤解（ **3種** のみ）

仕事を優先して睡眠時間を削ることは、メンタルヘルスに深刻な影響があり、不眠不休は事故やミスの原因になっています。**4時間睡眠**を1週間続けるとホルモン・血糖値に異常が生じ、**4〜6時間睡眠**を2週間継続すると**記憶力・認知能力・問題処理能力**などの高次精神機能が2日間眠っていない人と同レベルまでに低下することが指摘されています。ショート・スリーパー（短眠者）とロング・スリーパー（長眠者）との差異はありますが、一般的には2日単位で12時間〜16時間の睡眠が必要と考えられています。

多様な人材が活躍できる職場の環境づくり

2013年に**障害者差別解消法**と**改正障害者雇用促進法**が成立し、なかでも**精神障害者**を巡る労働環境が大きく変わりました。障害者差別解消法では「**不当な差別的取り扱い**」を禁止し、「**合理的配慮の提供**」が求められています。

● 不当な差別的取り扱い：国・都道府県・市町村などの役所や企業の事業主が、正当な理由なく、障害者を差別すること。
● 合理的配慮の提供：役所や企業の事業主が、障害者から何らかのバリアを取り除くことを要望された場合、負担が過重とならない範囲で対応することが求められる。

障害者差別解消法に基づく基本方針の改正法により、合理的配慮の提供が2024年4月1日から企業の事業主も努力義務から義務となります。

改正障害者雇用促進法によって、2018年4月から、企業等に雇用が義務づけられている障害者の範囲は、身体障害者・知的障害者に精神障害者が加わる

とともに、**法定雇用率**も引き上げられました。また、障害者への差別の禁止として、雇用において障害を理由に採用時に不利な条件を課す、昇給させないなど、不当な差別的取り扱いをすることを禁止しています。2018年の改正では、障害者雇用義務対象となる民間企業の範囲が、「従業員50人以上」から「従業員45.5人以上」に拡大され、さらに2021年から「従業員43.5人以上」に広がりました。法定雇用率も2021年3月に2.2%から2.3%に引き上げられています。

　2020年の改正では、短時間労働者の障害者を雇用する企業への**特例給付金**の支給や、障害者雇用における優良企業主の**認定制度の創設**（中小企業が対象）の内容が規定されています。2021年3月時点での障害者法定雇用率は、民間企業2.3%、国、地方公共団体等2.6%、都道府県等の教育委員会2.5%となって

図表2-7
合理的配慮の例：精神障害の場合

募集・採用時	・面接時に、就労支援機関の職員などの同席を認める
採用後	・業務指導や相談に関し、担当者を定める ・業務の優先順位や目標を明確にし、指示を1つずつ出す ・作業手順をわかりやすく示したマニュアルを作成するなどの対応を行う ・出退勤時刻・休暇・休憩に関し、通院・体調に配慮する ・できるだけ静かな場所で休憩できるようにする ・本人の状況をみながら業務量などを調整する ・本人のプライバシーに配慮したうえで、他の労働者に対し、障害の内容や必要な配慮などを説明する

合理的配慮の例：発達障害の場合（上記と重複するものは割愛）

募集・採用時	・面接・採用試験について、文字によるやり取りや試験時間の延長などを行う
採用後	・業務指示やスケジュールを明確にし、指示を1つずつ出す ・作業手順について文字だけではなく、図などを活用したマニュアルを作成するなどの対応を行う ・業務の変更については、前もって伝えるようにする ・感覚過敏を緩和するため、衝立を用いたり、サングラスの着用や耳栓の使用を認めるなどの対応を行う

います。障害者雇用促進法の雇用義務に違反した場合、ハローワークにより**改善指導**が入ることや**企業名公表**などの罰則を受けることがあります。

　さらに、新たに雇用した精神障害者が働きやすい職場づくりとして、「**障害者職場定着支援奨励金**」という雇用支援策があります。カウンセリング体制の整備など、精神障害者等が働きやすい職場づくりを行った事業主に対し、**奨励金**（かかった費用の半額、上限100万円）を支給するものです。なお、合理的配慮・差別禁止の対象となる精神障害とは、統合失調症・気分障害（うつ病・躁うつ病）・発達障害などのさまざまな精神疾患により、長期にわたり職業生活に相当な制限を受ける状態にあるものをいいます。

　2021年には障害者差別解消法が改正され、事業者による障害のある人への合理的配慮の提供が義務化されました。

　また、精神保健及び精神障害者福祉に関する法律（精神保健福祉法）の一部改正（2024年4月1日施行）により、精神障害者の希望やニーズに応じた支援体制を整備するための措置や医療保護入院に関する規定も見直され、家族等からの同意が必要となるなど、変更が行われました。

メンタルヘルス不調は、精神的・行動上の幅広い概念であるため、合理的配慮・差別禁止の対象となる精神障害とは必ずしも同一ではありません。

理解度チェックテスト

次の各文を読み、適切なものは **○**、不適切なものは **✕** と答えなさい。

Check!

□□□	**1**	うつ病の対応の原則は、休養と服薬による心理的疲労回復が治療の2本柱になるが、療養中から業務に関する情報がなくなると不安になるため、自宅療養中も仕事の進捗などは知らせるほうがよい。
□□□	**2**	自律神経系は、生命の危機などの強いストレッサーや不安を感じる状況に直面すると、副交感神経が優位になり、睡眠や休息時、食後などエネルギー補給が必要な場合には、交感神経が優位になる。
□□□	**3**	NIOSHの職業性ストレスモデルの社会的支援（上司、同僚、家族）は、ストレス反応や健康障害の発生を防ぐ緩衝要因となる。
□□□	**4**	パニック障害は、突然起こる不安発作が繰り返され、このまま死んでしまうのではないかと思えるほど不安感が強烈なため、いまだ治療法は確立されていない。
□□□	**5**	自閉スペクトラム症／自閉症スペクトラム障害（ASD）は、集中力や落ち着きのなさ、キレやすいといった衝動コントロール不良やケアレスミスの多さなどの不注意といったことが問題となる。
□□□	**6**	心身症とは、身体疾患のうち、その発症や症状変化と心理社会的要因との間に明らかな対応が認められるものを指し、適応障害、過敏性腸症候群、緊張型頭痛などをいう。
□□□	**7**	改正障害者雇用促進法（2018年）では、事業主は、障害者の能力の有効な発揮に支障となっている事情を改善すること（合理的配慮の提供）が努力義務となった。
□□□	**8**	2019年におけるDALYsでは、労働生産性の高い15歳〜49歳の年齢層において、精神疾患は、第1位を占めている。
□□□	**9**	「障害者職場定着支援奨励金」は、精神障害者などが働きやすい職場づくりを行った事業主に対して、奨励金を支給するものである。

正解＆ポイント解説

➡のページは、本テキスト内の参照ページを示します。

不適切。療養中は、業務から完全に解放されることが必要である。多くの場合、3〜6ヵ月程度は自宅療養が必要となる。　➡P61参照	✕
不適切。交感神経と副交感神経が逆。副交感神経は消化器の機能も調整しており、胃・十二指腸潰瘍のほか下痢や腹痛、便通異常をきたす過敏性腸症候群などの発症に関係している。　➡P54参照	✕
適切。上司や同僚、家族など周囲からの支援はストレス反応や健康障害の発生を防ぐ緩衝要因となる。　➡P56参照	○
不適切。身体的検査では、呼吸器系・循環器系・脳神経系などに明らかな異常所見は認められず、また発作が起きたらどうしようという予期不安はあるものの、薬物治療を中心に治療法がある程度確立している。服薬は1年以上継続することが必要。　➡P62参照	✕
不適切。説明はADHD（注意欠如・多動症）。自閉スペクトラム症／自閉症スペクトラム障害とは、周囲の人の気持ちがわからない、空気を読むことが苦手、会話が一方的になる、予定された業務が変更されるとパニックに陥り融通がきかなくなるなど、イマジネーションの障害やコミュニケーション能力に偏りがある症状。　➡P63参照	✕
不適切。適応障害は心身症には含まれない。　➡P64参照	✕
不適切。合理的配慮の提供は義務である。　➡P67参照	✕
不適切。精神疾患は第2位である。　➡P66図表2-6参照	✕
適切。カウンセリング体制の整備などにかかった費用の半分、上限100万円を支給するもの。　➡P69参照	○

第2章 重要語句チェックシート

Check!		
☐☐	**職業性 ストレスモデル** (NIOSH：米国立労働安全衛生研究所)	ストレッサーによって個人に心理的負荷がかかり、ストレス反応が出現し、職場以外のストレッサーも含め、いくつかの重なりや長期的持続によって、個人のストレス耐性の限界を超えたときに、健康障害が発生するという考え方。
☐☐	**メンタルヘルス不調**	精神および行動の障害に分類される精神障害や自殺のみならず、ストレスや強い悩み、不安など、労働者の心身の健康、社会生活および生活の質に影響を与える可能性のある精神的および行動上の問題を幅広く含むものをいう（労働者の心の健康の保持増進のための指針による）。
☐☐	**うつ病**	憂うつな気分、不安感、おっくう感、全身の倦怠感などが混在した状態で、興味の減退や快体験の喪失が2週間以上継続し、毎日何気なく繰り返してきた行為がつらくなってきた場合は、うつ病が疑われる。
☐☐	**躁うつ病 （双極性障害）**	うつ病と対照的な躁病との2つの病態の両方が見られる。入院治療の必要に迫られるような明確な躁状態をともなう双極Ⅰ型と、顕著な社会的トラブルを引き起こすことはなく、入院までには至らない「軽躁」をともなう双極Ⅱ型がある。
☐☐	**発達障害**	自閉症、アスペルガー症候群その他の広汎性発達障害、学習障害、注意欠陥多動性障害、その他これに類する脳機能の障害であって、その症状が通常低年齢において発現するもの（発達障害者支援法より）。
☐☐	**心身症**	胃潰瘍や十二指腸潰瘍、糖尿病などの身体疾患のうち、その発症や病状変化と心理社会的要因との間に明らかな対応が認められるもの（心身相関）。心の病とは異なり、身体疾患の病態で、大腸の疾患や緊張型頭痛、摂食障害などがある。
☐☐	**アルコール依存症**	機会飲酒が習慣飲酒になり、飲み過ぎで当日のことを思い出せないブラックアウトが起こる。そのうちに毎日飲まずにはいられなくなる（精神依存）、アルコールが切れると手が震える・冷汗が出る、イライラする、眠れないといった身体依存が形成される。
☐☐	**合理的配慮**	障害の有無によらず、すべての人の人権を平等に守れるよう、一人ひとりの特徴や場面に応じて生じる困難を取り除くための調整や変更のこと。「障害者差別解消法」では2016年に義務化。
☐☐	**脆弱性 ストレスモデル**	その人の病気へのなりやすさ（発症脆弱性）とストレスを引き起こす環境要因が複雑に絡み合ってメンタルヘルス不調が生じるという考え方。

第 **3** 章

MENTAL HEALTH ♥ MANAGEMENT

職場環境の評価と改善の方法

出題傾向

　第3章からは、「職業性ストレス簡易調査票」「仕事のストレス判定図」「メンタルヘルスアクションチェックリスト（職場環境改善のためのヒント集）」など、利用されるツールの使用目的や特徴に関する問題が出題されます。また、代表的なストレッサーとその除去・提言方法や、参加型職場改善手法といった職場環境の改善を行う際の進め方やポイントについても問われます。

① ストレスの原因となる職場環境

① ストレスとなる職場環境の具体例　2種

☑ これだけはおさえよう！

- 「労働者の心の健康の保持増進のための指針」では「職場レイアウト、作業方法、コミュニケーション、職場組織の改善などを通じた職場環境等の改善は、労働者の心の健康の保持増進に効果的である」とされている。
- ILO（国際労働機関）の報告でも、世界各国事例のうち半数以上が、個人向けアプローチの効果が一時的であるのに比べ、職場環境などの改善を通じた対策のほうがより効果的であったとしている。

▶ ストレスの原因となる職場環境の内容

　社会の高度情報化とグローバル化により、組織が事業の再構築や業務の効率化に取り組み、仕事は複雑で高度になり、労働者への負担も大きくなっています。厚生労働省「労働者の心の健康の保持増進のための指針」では、職場環境が労働者の主なストレスの要因であり、「職場レイアウト、作業方法、コミュニケーション、職場組織の改善などを通じた職場環境等の改善は、労働者の心の健康の保持増進に効果的である」とされています。ILO（国際労働機関）でも、職場環境の改善がストレス対策として効果的であったことを報告しています。**職場のストレスの原因**となる要因は、大きく３つに分類できます。

　①**作業内容および方法**によるもの：作業負荷や作業内容、作業にともなう責任や自由度など

　②**職場組織**によるもの：主に職場の人間関係や職場の意思決定への参画、入手できる情報など

　③**物理化学的な環境**によるもの：主に温熱や有害物質、作業レイアウトなど
管理監督者は、この３つの原因について把握しておくことが大切です。

図表3-1　仕事のストレスの原因となる作業内容・職場組織・物理化学的な環境

原因となる項目	原因の詳細
①作業内容および方法	●仕事の負荷が大きい ●長時間労働、過重労働、休憩がとれない ●仕事の役割や責任が不明確 ●従業員の技術や技能の低活用 ●単純作業の繰り返し ●従業員に自由度や裁量権がない
②職場組織	●管理者・同僚からのサポートや相互交流がない ●職場の意思決定に参加できない ●昇進や技術・知識の獲得について情報がない
③物理化学的な環境	●重金属や有機溶剤など有害物質への暴露 ●換気、照明、騒音、温度、湿度 ●作業レイアウトやスペース、作業姿勢

職場のストレス要因の評価

　管理監督者は、労働安全衛生法に基づき、長時間労働者や高ストレス者に対して医師による面接指導が行われたら、「面接指導結果報告書」で勤務の状況を確認し、適切な措置を検討することが重要な役割です。職場のストレス対策として職場環境の改善に取り組む場合は、「**質問紙調査**」「**チェックリスト**」を利用して職場ごとのストレス要因を知ることができます。

2 職場環境の状況把握　　2種 3種

☑ これだけはおさえよう！

●職業性ストレス簡易調査票は、ストレス反応だけでなく職場におけるストレス要因や修飾要因も同時に評価でき、労働者への負荷もそれほど大きくない。

●「仕事のストレス判定図」は、ストレスが気になる職場を調査したり、経年的に調査を行ったりして、職場のストレスの状況をモニタリングできる。

●新職業性ストレス簡易調査票は、仕事の負担が健康にネガティブな影響を与えているというこれまでのモデルに加えて、仕事から得られる心理社会的資源について評価することができる。

「職業性ストレス簡易調査票」の特徴

　旧労働省が開発した「**職業性ストレス簡易調査票**」は、労働者のストレス反

応や職場におけるストレス要因、修飾要因（ストレス要因からストレス反応が生じる際に影響するもの）を同時に評価できる**多軸的評価**です。**あらゆる業種**で職業性ストレスの把握に使用できる調査票で、**57項目**から構成されています。

●**仕事のストレス要因に関する尺度**：17項目（仕事の量的負担、質的負担、身体的負担、仕事のコントロール、技術の活用、対人関係によるストレス、職場環境、仕事の適性度、働きがい）

●**ストレス反応**：29項目（活気、イライラ感、疲労感、抑うつ感、身体愁訴^{しんたいしゅうそ}）

●**修飾要因**：11項目（上司、同僚、配偶者・家族・友人からの支援、満足度）

　調査とフィードバックのプログラムやマニュアルはWebサイトから無料でダウンロードできます。マニュアルでは、仕事のストレス要因の「仕事の量的負担」「仕事のコントロール」「対人関係」「仕事の適性度」のいずれか2つが要チェックとなっている場合、要チェックのない場合と比較して、「**心理的ストレス反応要チェック**」となるリスクは男性が**2.4倍**、女性が**2.5倍**だとしています。また、回答者のパーソナリティについては**考慮されていない**ので、評価の際に回答の傾向を考慮する必要が出てくる場合もあります。

●**厚生労働省**「厚生労働省版ストレスチェック実施プログラム」ダウンロードサイト
https://stresscheck.mhlw.go.jp

●**東京医科大学、東京医科大学病院**「職業性ストレス簡易調査票」
http://www.tmu-ph.ac/topics/stress_table.php

▶▶ 「仕事のストレス判定図」の特徴

　「**仕事のストレス判定図**」は、ストレスチェック制度で使用が推奨されている職業性ストレス簡易調査票の結果から職場環境を評価する方法で、東京大学大学院医学系研究科（精神保健学／看護学分野）によって運営されている「事業場におけるメンタルヘルスサポートページ」（https://jstress.net/）から無料でダウンロードできます。この方法では「**仕事の要求度－コントロール－サポートモデル**」に基づいて、仕事のストレス要因として4つの要因（仕事の量的負担、コントロール、上司の支援、同僚の支援）を取り上げて評価します。仕事の量的負担と仕事のコントロール（自由度）によって生じる健康リスクをプロットで表現した「**量－コントロール判定図**」と、同僚の支援と上司の支援から健康リスクを評価する「**職場の支援判定図**」から、全国平均を100として健康リスクが高いか低いかを読み取ります。

「量－コントロール判定図」では、プロット（●）の位置が**右下**にあるほどストレスが高い（健康リスクが高い）と判断されます。たとえば仕事のコントロール度が低い場合は、職場の一人ひとりに**裁量権**をもってもらうなどの工夫が必要です。

図表3-2　量－コントロール判定図の見方

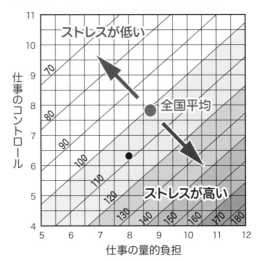

「職場の支援判定図」では、集団分析を行ったグループのプロット（●）の位置が**左下**にあるほど、ストレスが高い（健康リスクが高い）と判断されます。たとえば同僚の支援が低い場合は、同僚間のコミュニケーションを妨げている要因を解消することが必要です。

図表3-3　職場の支援判定図の見方

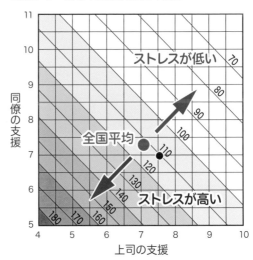

　「量－コントロール判定図」の健康リスクが108で「職場の支援判定図」の健康リスクが110であれば、２つの値を掛け合わせて100で割り（108×110／100）、総合健康リスクは118となります。この場合、従業員の健康リスクが平均よりも18％大きいと判断します。したがって、職場の管理とストレス管理を行い、職場の総合健康リスクを現在よりも低下させることが望まれます。

図表3-4　仕事のストレス判定図による健康リスク表

尺度名	平均点	読み取った健康リスク	
仕事の量的負担	8.0	(A)	108
仕事のコントロール	6.4		
上司の支援	7.6	(B)	110
同僚の支援	7.0		
総合した健康リスク [＝ (A) × (B) /100]		118	

　このように、健康リスクの数値で総合的な判断を行い、判定図を構成する4つの要因の部署や課の平均点と、全国平均や職場全体の平均との**差異**をみて対処します。ただし、健康リスクが100を下回っていれば問題がないというわけではなく、数字には現れない問題やストレス要因も考えられるため、健康リスクがすべてではないことも理解しておきましょう。定期的にストレス判定図を用いることで、**経年の変化**をみていくこともできます。

▶▶▶ 「新職業性ストレス簡易調査票」の特徴

　職業性ストレス簡易調査票に新しい視点で尺度を追加した「**新職業性ストレス簡易調査票**」が2012年4月に開発されました（事業場におけるメンタルヘルスサポートページhttps://mental.m.u-tokyo.ac.jp/a/87）。この調査票では、
● **作業レベル**：仕事の意義を感じ成長の機会が与えられているか
● **部署レベル**：上司がリーダーシップを発揮したり、公正な態度で接したりしているか
● **事業場レベル**：キャリア形成の機会が提供されているか
など、仕事から得られる**心理社会的資源**について評価することができます。仕事から生じるポジティブな側面として**ワーク・エンゲイジメント**（仕事から活力を得ていきいきしている状態）や職場の一体感などが測定でき、事業場や部署などの組織単位で評価できます。

　「**推奨尺度セット標準版**」では、**42尺度120項目**、項目数の少ない「**推奨尺度セット短縮版**」（23項目）は従来の職業性ストレス簡易調査票（57項目）と合わせた場合、計**80項目**で構成されています。新調査票は、これまでのストレス調査票が仕事のストレスへの悪影響の改善や予防の視点で構成されていたのとは異なり、仕事の**ポジティブな側面**を評価し、よい点や強みをさらに伸ばしていこうという視点に立っています。

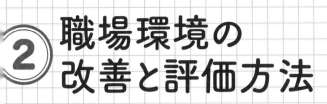

② 職場環境の改善と評価方法

1 ラインケアとしての職場環境改善方法　2種

☑ これだけはおさえよう!

● ストレス対策における職場環境改善は、健康に働きやすい職場の条件づくりであり、現場の管理監督者による取り組み（ラインによるケア）が重要な役割をもつ。

● 「職場環境改善のためのヒント集（メンタルヘルスアクションチェックリスト）」を利用して、いくつかのステップを踏んで進めることが重要である。

● 専門家による職場環境改善の方法に関する知識の伝達だけではなく、労働者の自主改善を促進するツール（良好事例、アクションチェックリスト、グループ討議）の活用によって、現場の労働者自身による改善提案を効果的に吸い上げ、職場環境改善に活かすことができる。

▶ 職場環境改善のステップ

職場環境改善の取り組みは、ラインによるケアで効果的に進めるために大きく4段階に分けられています。

図表3-5　職場環境改善の進め方の例

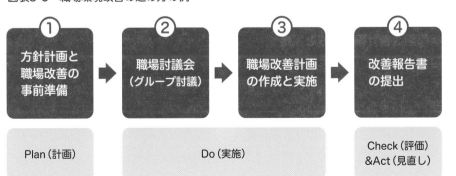

①方針計画と職場改善の事前準備

●管理監督者は、ストレス対策に何が重要かを把握し、**職場トップの理解**を得る。

●ストレス対策として職場環境改善を行うことを事業場の安全衛生方針として取り上げ、**事業場組織内の合意形成**を進める。

●職場環境改善の**実施体制づくり**。衛生委員会や担当者会議に産業医や衛生管理者などの産業保健スタッフ、人事労務管理スタッフ、管理監督者、労働組合など、多面的な部門が参加し、**役割分担**等を検討する。

●ストレスチェックに基づく集団分析結果を担当者会議で確認し、職場集団レベルで取り組むための**グループ討議**の場を計画する。

②職場討議会（グループ討議）

図表3-6　職場討議会（グループ討議）のスケジュール例

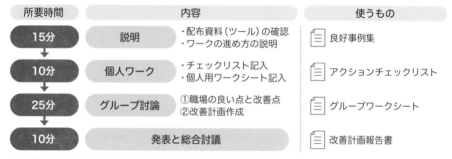

出所：独立行政法人労働者健康安全機構制作『これからはじめる職場環境改善〜スタートのための手引〜』「従業員参加型職場環境改善での小集団討議の様子」の図から一部改変

　グループ討議の場では、産業保健スタッフ、健康管理担当者などが**ファシリテーター**（助言者、促進者）として参加することが効果的です。

③職場改善計画の作成と実施

●討議終了後、すぐに実施可能なもの、中期的な課題、長期的な課題など、優先順位にそって整理し、総合討議により改善計画を作成する。

●討議結果を社内手続き文書として記録する。

●職場の管理監督者や安全衛生担当者が部署ごとに討議結果をまとめる。

●実施手順や実施期間について、具体的な実行計画を作成する。

④改善報告書の提出

●関係者が協力して、改善状況のフォローアップを実施する。

●四半期ごとや1年ごとに職場環境改善の実施状況と成果を検討し共有する。

●ストレス調査を再度実施するなど、次年度への計画につなげる。

メンタルヘルスアクションチェックリスト（職場環境改善のためのヒント集）の特徴

　労働者の仕事の負担やストレスを減らし、安心して働ける職場環境等の改善方法を提案するために作成されたのが「**メンタルヘルスアクションチェックリスト**」です。職場環境改善のヒントとなる具体的な事例を日本全国から収集し、**6つの領域**に分類して**30項目**のチェックリストにまとめられたものです。心理学や人間工学の研究者とメンタルヘルス対策の実務家による討議を経て作成されています。既存の資源を活用しながら低コストで改善できる優先対策がすぐにチェックできます。

　グループ討議などで利用できる参加型のツールであることが特徴で、以下の効果を得ることができます。

①自分たちの職場の経験からはじめることができる。

②職場環境等の改善が必要な点に気づき、改善のヒントを得ることができる。

③優先して改善すべきポイントを明確にすることができる。

④職場ですでに実施されているよい活動事例を見つけ出し、収集することにも役立つ。

⑤職場を多角的にみることにより、ストレスとなる職場環境に関心をもつことができる。

　このチェックリストは、厚生労働省「働く人のメンタルヘルス・ポータルサイト『こころの耳』」（https://kokoro.mhlw.go.jp/manual/）から無料ダウンロードできます。

図表3-7　メンタルヘルスアクションチェックリスト（職場環境改善のためのヒント集）の項目

6つの改善技術領域	主なチェックポイント
Ⓐ 作業計画への参加と情報の共有	●作業日程作成の参加者　●少人数単位の裁量範囲を増やす ●過大な作業量の見直し　●達成感、情報の共有
Ⓑ 勤務時間と作業編成	●ノー残業デーなどの運用　●繁忙期の作業方法の改善 ●休日・休暇　●勤務時間制・交替制
Ⓒ 円滑な作業手順	●物品と資材の取り扱い　●作業場所の改善　●指示のわかりやすさ ●反復・過密・単調作業の改善　●作業ミス防止策
Ⓓ 作業場環境	●温熱環境・視環境・音環境の快適化　●有害環境源の隔離 ●受動喫煙の防止　●衛生設備・休養設備の改善 ●緊急時対応手順の改善
Ⓔ 職場内の相互支援	●上司・同僚に相談しやすい環境の整備　●チームワークづくり ●仕事への適切な評価　●職場間の相互支援の推進
Ⓕ 安心できる職場のしくみ	●相談窓口の設置　●セルフケアの情報提供や研修 ●将来計画や見通しの周知　●緊急時の心のケア体制 ●昇進、昇格、資格取得機会の明確化・公平化

　また、グループ討議によって改善策を提案する「グループチェック方式」は、対策指向の参加型職場改善手法とも呼ばれます。働きやすい職場づくりに向けて改善のニーズを把握しながら、参加型で職場を点検する労働衛生技術として確立してきました。

職場環境改善を行うポイント

　職場環境改善に有効なツールには、健康リスク対策に役立つ自律的な職場改善支援として、以下のような共通点がみられます。

①自分たちの職場に目を向ける

　改善すべき点を明確にし、日頃の実践経験に加えて、さらに積み上げる形で職場改善ステップを計画することが有効です。

②良好事例に学ぶスタイルをつくる

　自分たちの職場や他の企業ですでに行われて、ストレス対策や職場改善に役立った成果を参考に、改善につなげます。現状の不備への批判や他者を非難する姿勢はよくないことです。

③具体的な働きやすさを目指す

健康リスクを把握しつつ、活力をもって仕事に取り組めるような働きやすさを目指し、掘り下げを行います。

④実行して習うステップを踏む

参加型職場改善のプロセスを、自分たちの職場条件に合わせて再設計し、改善実施から評価に至るまでの全ステップを体験します。

❷ 関係者との連携による職場環境改善　2種

☑ これだけはおさえよう！

- 管理監督者の役割は、「職場環境等の評価と問題点の把握」「職場環境等の改善」の2点である。
- 職場環境改善計画は、産業保健スタッフや人事労務管理スタッフと協力し合って進める。
- メンタルヘルスに重点を置いた職場環境改善を進めるためには、衛生委員会を有効に活用する。

▶ 管理監督者の役割

ストレスチェック制度の導入により改正された厚生労働省の指針では、「事業者は、メンタルヘルス不調の未然防止を図る観点から職場環境等の改善に積極的に取り組むもの」とされています。改正された指針では、管理監督者の役割は、①**職場環境等の評価と問題点の把握**、②**職場環境等の改善**の2点です。職場環境改善を行うには計画性が必要で、次のように産業保健スタッフや人事労務管理スタッフと協力して進めます。

▶ 産業医・産業保健スタッフとの連携

産業医をはじめとする産業保健スタッフの役割は、①職場巡視による観察、②職場上司および労働者からの聴き取り調査、③ストレスに関する調査等を定期的または必要に応じて行うことにより、職場内のストレス要因を把握し評価することとされています。管理監督者は、**産業保健スタッフと協力**しながら、職場環境改善を図ることが必要です。

▶ 人事労務管理スタッフとの連携

　人事労務管理スタッフは、管理監督者だけでは対応できない問題の解消に努めます。職場配置、人事異動、職場の組織など人事労務管理上のシステムが環境に及ぼしている影響を把握し、労働時間等の労働条件の具体的改善および適正配置に配慮します。

▶ 衛生委員会などの活用

　労働安全衛生法により、**常時50人**以上の労働者を使用する事業場では、**衛生委員会**の設置が義務づけられています。衛生委員会では、ストレス調査の実施に関すること、職場ミーティングの開催、グループ討議の場の設定、改善提案の集約や進捗状況の把握などを行います。常時10人以上50人未満の労働者を使用する小規模の事業場でも、**安全衛生推進者**（衛生推進者）を選任し、労働者の安全や健康管理などに関わる業務を担当させることが義務づけられています。

▶ さまざまな職場環境改善への取り組み

- ●**職場ドック**：参加型の職場環境改善を簡単で手軽に実施する手法です。良好事例集やアクションチェックリストなどのツールを活用することで現場の負担を軽くし、改善への取り組みが進んでいます。
- ●**MIRROR**：職場のストレス評価と職場改善への要望の2点を評価して職場環境改善につなげます。ハイリスクな職場を発見し、労働者がどのような職場改善を望んでいるかを確認し、職場改善を進めます。
- ●**ワーク・エンゲイジメント**：仕事への肯定的で充実した感情や態度のことで、仕事の資源（裁量性、上司によるサポート、正当な評価など）や個人の資源（楽観性、自己効力感、自尊心など）の状態によって、心身の健康、組織行動、パフォーマンスを高めることができるというものです。組織と個人の活性化とワーク・エンゲイジメントの向上のためにストレスチェック制度を活用する取り組みも進んでいます。

3 職場改善対策の評価　2種

☑ これだけはおさえよう！

●職場改善の評価方法には、プロセス評価とアウトカム評価がある。

●ラインのケアによる職場環境改善の評価は、労働安全衛生マネジメントシステムにおける監査のステップで実施することができる。

　職場環境改善の実施後、継続的な職場環境改善を進め、次の改善ステップを検討するためにも、取り組みの効果を評価することが重要です。

①改善計画の実施状況の評価（プロセス評価）

　プロセス評価とは、改善計画がどの程度実施されたかを**改善実行レベル**で評価する方法です。職場改善の取り組みが役に立ったかどうかを活動記録やヒアリングで調査し、職場環境改善の検討委員会、あるいは衛生委員会などで、実際に行われた改善について報告します。ストレス対策に重点をおいた職場環境改善は、直接的な成果が見えにくいこともあるため、職場がストレス対策に取り組む組織づくりの状態を評価することもできます。

②取り組みによる効果の評価（アウトカム評価）

　アウトカム評価は、目的とする改善の効果を労働者の**健康状態**で評価する方法です。たとえば、職業性ストレス簡易調査票を用いた仕事のストレス判定では、仕事の量的負担や仕事のコントロール（裁量権や自由度）がどの程度改善したか、ストレスレベルの変化を**定量的**に評価します。生産性の向上、欠勤率の減少、休日日数の変化などを記録して評価することもできます。

③労働安全衛生マネジメントシステムを活用した評価

　労働安全衛生マネジメントシステム（OSHMS）を導入し、安全衛生の維持や向上に取り組む事業所も増えています。OSHMSの国際規格として、2018年にISO45001が発行されています。また、職場における精神的な安全衛生指針ISO45003が2021年に発行されました。

第3章 理解度チェックテスト

次の各文を読み、適切なものは○、不適切なものは✗と答えなさい。

Check!		
☐☐☐	**1**	職業性ストレスの原因のうち「職場組織」の内容には、作業負荷や作業にともなう責任や自由度なども含まれる。
☐☐☐	**2**	ILO（国際労働機関）が世界各国の職場ストレス対策の成功事例を集めて分析した報告では、個人向けアプローチの効果と同様に、職場環境などの改善を通じた対策が効果をあげたと強調している。
☐☐☑	**3**	「職業性ストレス簡易調査票」は、職場におけるストレス要因や修飾要因を同時に評価できる。修飾要因とは、ストレス要因から受けるストレス反応で、イライラや疲労感、不安感のことである。
☐☐☐	**4**	「仕事のストレス判定図」において、「量―コントロール判定図」の健康リスク108と「職場の支援判定図」の健康リスク110から、総合健康リスク118と計算された場合、従業員への悪影響が平均より18%増しであることを予想するものである。
☐☐☐	**5**	「新職業性ストレス簡易調査票」は、仕事の負担が健康にネガティブな影響を与えるというこれまでのモデルに加えて、作業レベル、部署レベル、事業場レベルなど、仕事から得られる心理社会的資源について評価することができる。
☐☐☐	**6**	職場環境等の改善のためのメンタルヘルスアクションチェックリストは、日本全国から職場のメンタルヘルスやストレス対策のために実施された職場環境等の改善事例を収集し、心理学、人間工学、メンタルヘルス対策の実務家、研究者による討議を経て作成されたものであるため、この知識を伝達することが職場環境改善に効果をあげることにつながる。
☐☐☐	**7**	「衛生委員会」は衛生管理を担う人材で構成されており、常時50人以上の労働者を使用する事業場においては、労働安全衛生法でその設置が義務づけられている。
☐☐☐	**8**	管理監督者が行う職場環境改善は、作業環境、作業方法、労働者の心身の疲労の回復を図るための施設及び設備等やハラスメント等を含む職場の人間関係、職場の組織および人事労務管理体制など多岐にわたるため、職場の組織及び人事労務管理体制については、1人で抱え込むことなく人事労務管理スタッフに任せることが重要である。
☐☐☐	**9**	職場環境改善が実施された後の効果測定には、プロセス評価とアウトカム評価がある。プロセス評価とは、改善前後の労働者の健康状態を評価し、仕事の量的負荷や仕事のコントロールがどの程度改善したか、ストレスレベルの変化が定量的に評価できる方法である。

正解&ポイント解説

→のページは、本テキスト内の参照ページを示します。

不適切。「作業内容および方法」が、作業負荷や作業内容、作業にともなう責任や自由度などを指す。「職場組織」は、職場の人間関係や職場の意思決定への参画、入手できる情報など、「職場の物理化学的環境」は、温熱や有害物質、作業レイアウトなどの問題である。　　　　　　　　　　➡P74参照	×
不適切。個人向けのアプローチの効果が一時的・限定的であるのに比べ、職場環境などの改善を通じた対策のほうがより効果的であったとILOは強調している。　　　　　　　　　　　　　　　　　　　　　　　　➡P74参照	×
不適切。修飾要因とは、ストレス要因からストレス反応が生じる際に影響するもの。11項目あり、上司、同僚、および配偶者・家族・友人からの支援ならびに満足度からなる。　　　　　　　　　　　　　　　➡P75〜76参照	×
適切。仕事のストレス要因から予想される、疾病休業などの健康問題リスクの標準集団の平均を100とし、総合健康リスクがそれ以上であれば、健康リスクが高いと判断される。　　　　　　　　　　　　　　　　➡P78参照	○
適切。加えて、仕事から生じるポジティブな側面としてワーク・エンゲイジメント（仕事から活力を得ていきいきしている状態）や職場の一体感などが測定できる。　　　　　　　　　　　　　　　　　　　　　　➡P78参照	○
不適切。改善事例の知識の伝達だけではなく、労働者の自主改善を促進するツール（良好事例、アクションチェックリスト、グループ討議手法等）の利用によって、現場の労働者自身による改善提案を効果的に吸い上げることができる。　　　　　　　　　　　　　　　　　　　　　　　　➡P81参照	×
適切。常時10人以上50人未満の労働者を使用する事業場では安全衛生推進者（衛生推進者）を選任しなければならない。　　　　　　　　➡P84参照	○
不適切。管理監督者の役割は、職場環境等の評価と問題点の把握と職場環境等の改善であり、職場環境改善は計画性をもって進めることが肝要であるため、産業保健スタッフや人事労務管理スタッフと協力し合って進める。　　　　　　　　　　　　　　　　　　　　　　➡P83〜84参照	×
不適切。プロセス評価は、計画された改善提案がどの程度実施されたか、改善実行レベルで評価する方法である。アウトカム評価は、改善前後の労働者の健康状態を評価する方法で、仕事の量的負担や仕事のコントロールがどの程度改善したか、ストレスレベルの変化が定量的に評価できる方法である。➡P85参照	×

Check!

☐☐	職場のストレスの原因	「作業内容および方法」(作業負荷や作業内容など)、「職場組織」(職場の人間関係、職場の意思決定への参加など)、「物理化学的環境」(有害物質への暴露、作業レイアウトなど)の3つ。
☐☐	職業性ストレス簡易調査票	職場におけるストレス要因や修飾要因も同時に評価でき、あらゆる業種で使用できる職業性のストレスを把握するための調査票。
☐☐	仕事のストレス判定図	「仕事の要求度−コントロール−サポートモデル」に基づいて、仕事のストレス要因として4つの要因(仕事の量的負担、コントロール、上司の支援、同僚の支援)を取り上げて評価し、4つの要因の平均点を算出することで、職場の心理社会的なストレス要因が従業員の健康を脅かす危険性について示すことができる。
☐☐	新職業性ストレス簡易調査票	仕事の負担が健康にネガティブな影響を与えるというこれまでのモデルに加えて、仕事から得られる心理社会的資源について評価でき、仕事から生じるポジティブな側面としてワーク・エンゲイジメント(仕事から活力を得ていきいきしている状態)や職場の一体感などが測定できる。
☐☐	メンタルヘルスアクションチェックリスト(職場環境改善のためのヒント集)	職場において、労働者の参加のもとにストレスを減らし、心の健康を増進するための職場環境等の改善方法を提案するために、6つの領域30項目に集約・整理して作成されている。
☐☐	参加型職場改善手法	働きやすい職場づくりと改善のニーズ把握をもとにして、参加型で職場を点検する労働衛生技術として確立。グループチェック方式(グループ討議で改善提案するスタイル)。
☐☐	衛生委員会	労働安全衛生法によって、常時50人以上の労働者を使用する事業場においては、設置が義務づけられている衛生管理体制の1つ。
☐☐	健康総合リスク	「仕事のストレス判定図」において、「量−コントロール判定図」の健康リスクと「職場の支援判定図」の健康リスクから計算され、総合的に判断して、職場の仕事のストレス要因がどの程度従業員の健康に影響を与える可能性があるかの目安となるもの。

第**4**章

MENTAL HEALTH ♥ MANAGEMENT

労働者と管理監督者自身のセルフケア

出題傾向

　第4章からは、ストレスを予防する観点から、ストレス対処・軽減方法として、休養、睡眠、運動、食事、リラクセーションの内容について出題されやすい傾向にあります。身近な健康診断や、過重労働とも関連が深いメタボリックシンドロームなどの診断基準などを整理しておく必要があります。また、管理監督者のセルフケアについても、一般社員のセルフケアと同様に覚えておきましょう。

① ストレス要因への気づき

❶ 業務でのストレス要因への気づき　2種 3種

☑ これだけはおさえよう！

● 強い心理社会的ストレスは、精神障害発症との関連性が認められる。

● 長時間労働は、うつ病などのメンタルヘルス不調、脳・心臓疾患の発症との関連が強いと医学的見地から認められている。

● 仕事内容以外のストレス要因として、喪失体験、家族の悩み、責任の増大などがある。

▶ 精神障害発症と心理的負荷の関連

　早期のストレスへの気づきを得るには、前もってストレスとなり得るリスク要因を知っておくことが大切です。仕事のストレスを系統的に分析したストレスモデルでは、**仕事の要求の度合い**が大きく、**自由裁量の度合い**が小さく、**社会的支援**（ソーシャルサポート）が得られない場合にストレスが最も強くなると提唱しています。

　「心理的負荷による精神障害等に係る業務上外の判断指針」（1996年公示、2009年一部改正）では、業務上および業務外の心理的負荷を「強度・中等度・軽度」の3段階に分類し、当該労働者に発症した精神障害が業務上によるものか否かを判断する指針を示しています。さらに、2011年、労災認定審査を迅速に行うことを目的に、ストレスの評価基準をよりわかりやすく示す「**心理的負荷による精神障害の認定基準**」を策定しました。

　この基準では、心理的負荷の強度を判断する出来事を具体的に示しています。出来事は、「**特別な出来事**」と「**特別な出来事以外**」に分けられ、「特別な出来事」には、極度の長時間労働などがあり、心理的負荷を「強」とする出来事を防ぐことが求められます（強度は必ずしも適切でない可能性がある）。「特別な

出来事以外」は、2020年の改正によって、①事故や災害の体験、②仕事の失敗、過重な責任の発生等、③仕事の量・質、④役割・地位の変化等、⑤パワーハラスメント、⑥対人関係、⑦セクシュアルハラスメントの7つに類型化されています（図表4-2参照）。

図表4-1　特別な出来事（業務による心理的負荷が強いもの）

出来事の類型		具体的な出来事
特別な出来事	心理的負荷が極度のもの	●生死にかかわる、極度の苦痛を伴う、または永久労働不能となる後遺障害を残す業務上の病気やケガ（業務上の疾病により6ヵ月を超えて療養中に症状が急変し極度の苦痛を伴った場合を含む） ●業務に関連し、他人を死亡させ、または生死にかかわる重大なケガを負わせた（故意によるものを除く） ●強姦や、本人の意思を抑圧して行われたわいせつ行為などのセクシュアルハラスメント ●その他、上記に準ずる程度の心理的負荷が極度と認められるもの
	極度の長時間労働	●発病直前の1ヵ月におおむね160時間を超えるような、または同程度（たとえば3週間におおむね120時間以上）の時間外労働を行った（休憩時間は少ないが手待時間（待機している時間）が多い場合など、労働密度が特に低い場合を除く）

図表4-2　特別な出来事以外（＝心理的負荷の強度を「強」とする出来事）

① 事故や災害の体験	●（重度の）病気やケガをした ●悲惨な事故や災害の体験、目撃をした
② 仕事の失敗、過重な責任の発生等	●業務に関連し、重大な人身事故、重大事故を起こした ●会社の経営に影響するなどの重大な仕事上のミスをし、事後対応にもあたった ●会社で起きた事故、事件について、責任を問われた ●自分の関係する仕事で多額の損失等が生じた ●業務に関連し、違法行為を強要された ●達成困難なノルマが課された ●ノルマが達成できなかった ●新規事業の担当になった、会社の立て直しの担当になった ●顧客や取引先から無理な注文を受けた ●顧客や取引先からクレームを受けた

③	仕事の量・質	●仕事内容・仕事量の（大きな）変化を生じさせる出来事があった ●1ヵ月に80時間以上の時間外労働を行った ●2週間（12日）以上にわたって連続勤務を行った ●勤務形態に変化があった ●仕事のペース、活動の変化があった 
④	役割・地位の変化等	●退職を強要された　●配置転換があった　●転勤をした ●複数名で担当していた業務を1人で担当するようになった ●非正規社員であるとの理由等により、仕事上の差別、不利益な取り扱いを受けた 
⑤	パワーハラスメント	●上司等から、身体的攻撃、精神的攻撃等のパワーハラスメントを受けた
⑥	対人関係	●同僚等から、暴行または（ひどい）いじめ・嫌がらせを受けた
⑦	セクシュアルハラスメント	●セクシュアルハラスメントを受けた

出所：厚生労働省、都道府県労働局、労働基準監督署「精神障害の労災認定」
（https://www.mhlw.go.jp/bunya/roudoukijun/rousaihoken04/dl/120427.pdf）より抜粋

　ある出来事や状況がストレス要因となった場合、その人が「どう認知するか」によって、ストレス要因への反応の仕方やストレスの強さの程度は大きく異なります。

労働時間と健康問題

労働基準法では労働者の労働時間を定めていて（第32条）、事業者が労働者に週40時間を超える労働を課す場合は、労働者の過半数で組織する労働組合または労働者の過半数を代表する者と労使協定「**36（サブロク）協定**」を締結し、**行政官庁**に届出をしなければなりません（第36条）。

期間ごとに時間外労働の限度時間（例：1ヵ月45時間）があり、その基準を超えないものにする必要があります（図表4-3参照）。この限度時間の延長は、**厚生労働大臣**が定めることができます。ただし、特別な事情により限度時間を超えて労働を行わなければならない場合は、労使間で「特別条項付き36協定」を結ぶことで労働時間が延長できます。

2018年の労働基準法改正では、36協定で定める時間外労働に、上限（罰則付き）が設けられました（2019年施行）。通常予見できない大幅な業務の増加で臨時的な必要がある場合は、休日労働を含み1ヵ月に100時間未満（年間6ヵ月以内）、年間720時間以内という上限で協定を結びます。

図表4-3 労働時間延長の限度時間

期間	1週間	2週間	4週間	1ヵ月	2ヵ月	3ヵ月	1年間
限度時間	15時間	27時間	43時間	45時間	81時間	120時間	360時間

出所：厚生労働省「時間外労働の限度に関する基準」

厚生労働省は、過重労働による健康障害から労働者を守るために、2002年に「**過重労働による健康障害防止のための総合対策**」（2006年、2020年に一部改正）を策定しました。この「総合対策」では、長時間にわたる過重な労働は、脳・心臓疾患の発症との関連性が強いという医学的見地が得られていることから、過重労働による健康障害を防止するために**事業者**が講ずべき措置として、以下の内容が挙げられています。

①**時間外・休日労働時間の削減**

②**年次有給休暇の取得促進**

③**労働時間等の設定の改善**

④**労働者の健康管理に係る措置の徹底**

また、「労働者の健康管理に係る措置」には、「健康管理体制の整備および健康診断の実施」「長時間にわたる時間外・休日労働を行った労働者に対する面接

指導等」「過重労働による業務上の疾病を発生させた場合の措置（原因究明と再発防止）」が含まれています。

※参考：長時間労働者への医師による面接指導の基準（P29参照）

対象労働者	労働時間の状況	面接指導の実施要件
一般労働者	時間外・休日労働 月80時間超	労働者の申出あり 義務
		労働者の申出なし 努力義務
研究開発業務従事者	時間外・休日労働 月80時間超	労働者の申出あり 義務
	時間外・休日労働 月100時間超	労働者の申出なし 義務
高度プロフェッショナル制度適用者	週40時間超の 健康管理時間 月100時間超	労働者からの申出なし 義務

▶ ストレスチェックの活用

　ストレスチェックの結果、高ストレスと判定された従業員は、医師（産業医等）から個人結果の通知とともに、医師による面接指導を受けることを勧められます。原則として就業時間内に、本人から事業者への申出によって行われます。管理監督者は面接指導を受けることを妨げず、面接指導の結果については、医師の意見を尊重して必要な措置を講じること、ストレスチェックの結果の取り扱いに注意すること、面接指導の結果を理由とする不利益な取り扱いをしないなどの配慮が求められます。

▶ 精神的疲労の兆候

　長時間労働による精神的疲労から生じるメンタルヘルス不調の中で最も多いものとして、うつ病が挙げられます。以下のうつ病の症状が半分以上あてはまる場合は、専門医への受診を促さなければなりません。

図表4-4　うつ病を疑うサイン（周囲が気づく変化）

- ●以前と比べて表情が暗く、元気がない
- ●体調不良の訴え（身体の痛みや倦怠感）が多くなる
- ●仕事や家事の能率が低下、ミスが増える
- ●周囲との交流を避けるようになる
- ●遅刻、早退、欠勤（欠席）が増加する
- ●趣味やスポーツ、外出をしなくなる
- ●飲酒量が増える　など

出所：厚生労働省「うつ対策推進方策マニュアルー都道府県・市町村職員のためにー」より抜粋

　また、周囲からみて心身の疲労度を判定する際は、「家族による労働者の疲労蓄積度チェックリスト」が目安になります。※中央労働災害防止協会において、新たな項目の追加等見直しを行い、食欲、睡眠、勤務インターバルに関する項目を追加する改正（2023年4月）が行われた。

図表4-5　家族による労働者の疲労蓄積度チェックリスト

1．最近1ヵ月の疲労・ストレス症状

あてはまる項目について、ほとんどない＝0点、時々ある＝1点、よくある＝2点で合計点を出す。

1. イライラしているようだ	□ ほとんどない	□ 時々ある	□ よくある
2. 不安そうだ	□ ほとんどない	□ 時々ある	□ よくある
3. 落ち着かないようだ	□ ほとんどない	□ 時々ある	□ よくある
4. ゆううつそうだ	□ ほとんどない	□ 時々ある	□ よくある
5. 体の調子が悪そうだ	□ ほとんどない	□ 時々ある	□ よくある
6. 物事に集中できないようだ	□ ほとんどない	□ 時々ある	□ よくある
7. することに間違いが多いようだ	□ ほとんどない	□ 時々ある	□ よくある
8. 強い眠気に襲われるようだ	□ ほとんどない	□ 時々ある	□ よくある
9. やる気が出ないようだ	□ ほとんどない	□ 時々ある	□ よくある
10. へとへとのようだ（運動後を除く）	□ ほとんどない	□ 時々ある	□ よくある
11. 朝起きたとき、疲れが残っているようだ	□ ほとんどない	□ 時々ある	□ よくある
12. 以前と比べて、疲れやすいようだ	□ ほとんどない	□ 時々ある	□ よくある

2. 最近1ヵ月間の働き方と休養

該当する項目の数を出す。

□ 1. ほとんど毎晩、午後10時以降に帰宅する(★)
□ 2. 休日も仕事に出かけることが多い
□ 3. 家に仕事を持ち帰ることが多い
□ 4. 宿泊を伴う出張が多い
□ 5. 仕事のことで悩んでいるようだ
□ 6. 睡眠時間が不足しているように見える
□ 7. 寝つきが悪かったり、夜中に目が覚めたりすることが多いようだ
□ 8. 家でも仕事のことが気にかかって仕方ないようだ
□ 9. 家でゆっくりくつろいでいることはほとんどない

★夜勤等の勤務形態の方は、仕事のため家を出てから帰るまでの時間が14時間以上であることを目安にしてください。

3. 総合判定

次の表を用い、疲労・ストレス症状、働き方と休養のチェック項目結果から、対象者の仕事による疲労の蓄積度の点数(0～2)を求める。

【仕事による疲労蓄積度点数表】

		「働き方と休養」項目の該当個数	
		3個未満	3個以上
「疲労・ストレス症状」の質問に対する該当項目の合計点数	10点未満	0	1
	10点以上	1	2

※糖尿病や高血圧症等の疾病がある方の場合は判定が正しく行われない可能性があります。

➡ 対象者の仕事による疲労蓄積度の点数は： [　　] 点(0～2)

	点数	仕事による疲労蓄積度
判定	0	低いと考えられる
	1	やや高いと考えられる
	2	高いと考えられる

※本人の評価と家族の評価は異なっていることがあります。

出所：厚生労働省「家族による労働者の疲労蓄積度チェックリスト」

職場でのその他のストレス要因

①自信を失う体験

担当業務がうまくこなせない、仕事上の大きな失敗、上司からの低評価、左遷、上司からの叱責など。

②社会的に糾弾される立場に追い込まれる

業務上の過失による責任追及、世間の厳しい批判（自殺に至る場合もある）など。

③孤立無援の状況

海外など遠隔地での単身での困難な業務、顧客先に1人で長期間常駐する業務、人間関係のトラブルで孤立するなど。

仕事以外のストレス要因

①喪失体験

自分にとって大切なものや慣れ親しんだものを失う体験。家族の死、子どもの独立、離婚、失恋、引っ越し、体力や能力の衰えなど。

②自分や家族の悩み

自分自身の離婚・別居や重い病気・ケガ、家族の死亡や重い病気・ケガ、多額の財産の損失など。

③責任の増大

自分自身の結婚や出産、配偶者の出産などで、家庭内での責任が増大すること。

2 管理監督者が注意すべき部下のストレス要因 2種 3種

☑ これだけはおさえよう！

● ストレス要因は多岐にわたるため、管理監督者としての現実的な対応をおさえておく必要がある。

管理監督者として、部下のストレスに気づいた場合は、その問題に応じて対応や支援の実施が必要です。代表的な対応を次ページの図表4-6に記載します。

図表4-6　部下のストレスと管理監督者の取るべき対応や支援

問題	上司の現実的対応や支援
うつ病などのメンタルヘルス不調の発病と関連の可能性が存在する場合	●ストレス要因を可能な限り除去または軽減する
職場のストレス要因を抱えている部下の場合	●注意深く様子を観察する ●しばしば声をかけて心身の健康状態を確認する ●必要に応じて医師などによる健康状態のチェックを受けさせる
職場以外のストレス要因や私生活での変化や出来事を体験した部下の場合	●さりげなく心身の状態を尋ねる ●無理のない範囲で注意を向ける
ストレス要因が認められなくても、勤務態度や言動に変化がみられた部下の場合	●必ず声をかけ、心身の状態を確認する

③ セルフケアとして注意すべきリスク要因 ③種

☑ これだけはおさえよう！

●仕事以外のストレスが重なり、心身の健康を損なうリスクがよりいっそう高まっている。

●生活が便利になる一方で、SNS上でのいじめや誹謗中傷など新しいトラブルも増加している。

▶ 個人生活におけるストレス

　労働者にとっては、仕事以外の生活上のストレスも軽視できません。アメリカのワシントン大学精神科のHolmes（ホームズ）らの研究者は、臨床経験を踏まえ「精神疾患の発症には発症以前に体験した生活上の出来事が深く関係し、特に出来事によって変化した生活環境にうまく適応できないほど発症の危険が高まる」とし、人生や日常生活に大きな影響を与えることになる出来事を43項目抽出したチェックリストを作成しました。これを「社会的再適応評価尺度」と呼びます。

図表4-7　社会的再適応評価尺度

順位	ライフイベント	ストレス値	順位	ライフイベント	ストレス値
1	配偶者の死	100	23	子どもが家を離れる	29
2	離婚	73	24	親戚とのトラブル	29
3	夫婦別居生活	65	25	個人的な輝かしい成功	28
4	拘留、刑務所入り	63	26	妻の就職や離職	26
5	親密な親族の死	63	27	就学・卒業・退学	26
6	個人のケガや病気	53	28	生活上の変化	25
7	結婚	50	29	個人的習慣の変化	24
8	解雇・失業	47	30	上司とのトラブル	23
9	夫婦の和解・調停	45	31	労働条件の変化	20
10	退職	45	32	住居の変更	20
11	家族の健康上の大きな変化	44	33	学校を変わる	20
12	妊娠	40	34	レクリエーションの変化	19
13	性的障害	39	35	教会活動の変化	19
14	新たな家族構成員の増加	39	36	社会活動の変化	18
15	仕事の再調整	39	37	1万ドル以下の抵当（借金）	17
16	経済状態の大きな変化	38	38	睡眠習慣の変化	16
17	親友の死	37	39	家族団欒の回数の変化	15
18	転職・配置転換	36	40	食習慣の変化	15
19	配偶者との口論の大きな変化	35	41	休暇	13
20	1万ドル以上の抵当（借金）	31	42	クリスマス	12
21	担保、貸付金の損失	30	43	些細な違反行為	11
22	仕事上の責任の変化	29			

出所：Holmes TH, Rahe RH. The Social Readjustment Rating Scale, J.Psychosom.Res,1967;11;213-218

図表4-7のチェックリストにある生活上の出来事（ライフイベント）の過去1年間に経験した回数とストレス値を掛け合わせたものの合計点数が、年間150～199点の場合には37%、200～299点の場合は51%、300点以上では**79%**の人に何らかの疾患が発症していました。

「社会的再適応評価尺度」の日本の追研究でも、アメリカの研究と同様に「**配偶者の死**」「**離婚**」「**夫婦の別居**」など「**家族との離別**」のストレス値が上位にあがり、その他日本の特徴として「**会社の倒産**」が2位にあがっています。

図表4-8　勤労者のストレスランキング

順位	ストレッサー
1	配偶者の死
2	会社の倒産
3	親族の死
4	離婚
5	夫婦の別居
6	会社を変わる
7	自分の病気やケガ
8	多忙による心身の過労
9	300万円以上の借金
10	仕事上のミス

出所：精神神経学雑誌（2008年）110巻3号
夏目誠「出来事のストレス評価」より一部抜粋

さまざまなトラブル

社会構造の複雑化により、生活の中で直面するトラブルもまた複雑化しています。働き方も変化し、コミュニケーションの難しさや運動不足など、新たなストレスを生み出しています。

図表4-9　複雑化するトラブルの例

●マルチ商法、情報商材
●キャッチセールス、しつこい電話セールス
●架空請求、振り込め詐欺、ワンクリック詐欺
●迷惑メール、個人情報の流出
●SNSでのいじめ・誹謗中傷
●消費者トラブル、借金問題
●宗教などの頻繁な勧誘
●近隣トラブル、ストーカー、不倫問題

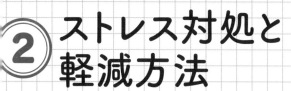

② ストレス対処と軽減方法

① ストレスの予防とライフスタイル 2種 3種

✓ これだけはおさえよう！

- ●予防の基本は、休養、睡眠、運動、食事である。
- ●厚生労働省から、「健康づくりのための睡眠指針」が示されている。
- ●リラクセーション法、認知行動療法、マインドフルネスなどの予防法を活用することが大切である。

⟩⟩ ストレス予防の基本

1．休養

　休養とは、身体の疲労を取り除き、エネルギーを充電して「休む」ことと、趣味や楽しみなどにより、豊かで余裕のある心持ちを得て英気を「養う」ことです。休養が十分にとれないと、心の健康問題につながるだけではなく、仕事の効率や質の低下を招くため、管理監督者は、部下が十分に休養をとれるように、働き方に配慮する必要があります。

2．睡眠

　健やかな睡眠には疲労を回復し、ストレスを解消する働きがあります。睡眠不足や睡眠障害は、疲労感をもたらし、日中の眠気や作業効率の低下、情緒不安定、行動や判断のミス、さらには産業事故の発生につながります。長期にわたる睡眠不足は、交感神経系が優位な状態の持続により疲労が蓄積され、心循環器系への負担が大きくなることで、高血圧、糖尿病、心臓病、脳卒中などの生活習慣病やうつ病のリスクを高めます。

　快適な睡眠を得るポイントは①光、②体温、③自律神経系、④寝室環境の4つです。

図表4-10　快適な睡眠のポイント

① 光	眠気を生じさせることから「睡眠ホルモン」と呼ばれるメラトニンは、朝の光を浴びてから14〜16時間後に分泌される。毎朝同じ時刻に起床して光を浴びることで、睡眠のリズムを整える。
② 体温	眠りに入るときは体温が約1度低下することで、深い眠りに入るため、入浴などで入眠前の体温を高めに保つ。夕食で温かい食事をとるのも効果的である。
③ 自律神経系	昼間の活動時は交感神経系が優位になり、夜の休息時は副交感神経系が優位になる。夜は、パソコンやゲームを控え、副交感神経系優位を妨げないようにする。
④ 寝室環境	睡眠の妨げにならないように、寝室の明るさや温度、騒音に注意する。アロマテラピーや音楽でリラックスできる工夫をする。

図表4-11　交替制勤務の睡眠のポイント

①夜勤の時間帯は職場の照明をできるだけ明るくする。
②夜勤の2日前から遅くまで起きて、遅く寝るようにする。
③夜勤明けは、帰宅時にサングラスをかけて強い光を避ける。
④夜勤明けは雨戸や遮光カーテンなどで寝室をできるだけ暗くして眠る。
⑤夜勤明け当日の睡眠は2〜3時間程度にし、明るいうちに起きて活動する。

3．運動

　運動は、ストレス解消や気分転換だけではなく、身体の健康の維持や生活習慣病の改善に重要な効果があります。**うつ病などの精神疾患の症状改善に効果**があるという研究成果も報告されています。運動によって**エンドルフィン**などの脳内物質が増え、症状が改善すると考えられており、特に**定期的な運動習慣**は熟眠を促進する効果もあります。

図表4-12　健康づくりのための睡眠指針（睡眠12箇条）

①よい睡眠で、身体も心も健康に
●睡眠時間の不足や睡眠の質の悪化は、生活習慣病のリスクにつながる。 ●不眠はうつ病のような心の病に、日中の眠気はヒューマンエラーに基づく事故につながる。
②適度な運動、しっかり朝食、眠りと目覚めのメリハリを
●適度な運動習慣は、入眠を促進し、中途覚醒を減らす。 ●朝食は朝の目覚めを促す。就寝直前の激しい運動や夜食の摂取は、入眠を妨げる。就寝前の飲酒や喫煙は睡眠の質を悪化させ、生活習慣病の発症・重症化の危険因子になり、睡眠時無呼吸のリスクを増加させる。就寝前3〜4時間以内のカフェイン摂取は、入眠を妨げる。

③よい睡眠は、生活習慣病予防につながる

● 睡眠時間が不足している人や不眠がある人では、生活習慣病になる危険性が高い。
● 過体重や肥満によって、睡眠時の気道が詰まりやすく、睡眠時無呼吸症候群を発症したり、重症化したりする。睡眠時無呼吸症候群は、治療しないと、高血圧、糖尿病、不整脈、脳卒中、虚血性心疾患、歯周疾患などの危険性を高める。

④睡眠による休養感は、心の健康に重要

● 不眠症状は、こころの病の症状として現れることがある。うつ病の9割近くの人が何らかの不眠症状をともない、不眠症状のある人は、うつ病にかかりやすい。睡眠による休養感が得られなくなると、日中の注意力や集中力の低下、頭痛や体の痛みや消化器系の不調、意欲の低下がみられる。

⑤年齢や季節に応じて、日中の眠気で困らない程度の睡眠を

● 必要な睡眠時間は人それぞれである。睡眠時間は加齢で徐々に短縮し、年をとると朝型化(男性でより顕著)。日中の眠気で困らない程度の自然な睡眠が一番である。

⑥よい睡眠のためには、環境づくりも重要

● 就寝時刻が近づくと、脳は目覚めた状態から徐々にリラックスした状態に変化するため、これを妨げないように工夫する。入浴は、ぬるめと感じる湯温で適度な時間ゆったりとする。温度や湿度、明るさ、音などを調節する。

⑦若年世代は夜更かしを避け、体内時計のリズムを保つ

● 子どもは規則正しい生活を。休日に遅くまで寝床で過ごすと夜型化を促進してしまう。朝、目が覚めたら日光を取り入れて、体内時計をリセットする。

⑧勤労世代は疲労回復・能率アップに、毎日十分な睡眠を

● 睡眠不足は仕事の能率を低下させる。睡眠不足が蓄積すると回復に時間がかかる。午後の早い時刻に30分以内の短い昼寝をすると、眠気による作業能率の改善に効果的である。

⑨熟年世代は朝晩メリハリ、日中に適度な運動でよい睡眠を

● 寝床で長く過ごしすぎると熟眠感が減る。年齢にあった睡眠時間を大きく超えない習慣を。適切な睡眠時間を確保できているかは、日中しっかり目覚めて過ごせているかも、1つの目安。

⑩眠くなってから寝床に入り、起きる時刻は遅らせない

● 就寝時刻にこだわらず、眠たくなってから寝床に就く。眠りが浅いときは、むしろ積極的に遅寝・早起きをする。

⑪いつもと違う睡眠には、要注意

● 就寝時の激しいいびき・呼吸停止、手足のぴくつき・むずむず感や歯ぎしりは要注意。睡眠時間が確保されていても日中の眠気や居眠りで困っている場合は、専門家に相談する。

⑫眠れない苦しみをかかえずに、専門家に相談を

● 自らの工夫だけでは改善しないと感じたときには、早めに専門家に相談する。睡眠薬などの薬を用いて治療を受ける際は、医師に指示された用法や用量を守り、薬剤師から具体的な服薬指導を受けることが重要。お酒と睡眠薬を同時に飲むのは危険。

出所:厚生労働省「健康づくりのための睡眠指針2014」より一部改変

4．食事

食事は身体の健康だけではなく、心の健康にも大きく影響しています。ストレスが加わると、体内ではアドレナリンやコルチゾールなどの抗ストレスホルモンを分泌してストレスに対抗します。このときビタミンB・C群を消耗するため、ストレス効果の高い食品を食事で意識的に補うことが大切です。

図表4-13　ストレスに効果の高い食品

ビタミンB群・C群 （抗ストレスホルモンの合成）
ビタミンB群：豚肉、乳製品、レバー、納豆 ビタミンC群：野菜、くだもの（タバコやお酒の摂取で失われる）
カルシウム、マグネシウム（精神安定）
カルシウム：小魚、海藻類、乳製品 マグネシウム：ナッツ類、大豆
たんぱく質（ホルモン分泌を助ける）
肉類、魚類

5．リラクセーション

ストレスを感じた際は、自分を解放し、心身をリラックスした状態に置くことが大切です。効果的なリラクセーション法として、呼吸法、漸進的筋弛緩法、自律訓練法などがあります。これらに共通するポイントは、①静かな環境で楽な姿勢と服装で行う、②心を向ける対象をつくる（「落ち着いている」などの言葉、イメージ、音楽、身体感覚など）、③受動的態度（身体の状態に意識を向ける）ことなどです。

＜呼吸法＞

呼吸には胸部のみによる浅い胸式呼吸と、横隔膜を上下させる深くゆっくりした腹式呼吸があります。ストレスを感じたときは胸式呼吸となっていることが多いので、意識的に腹式呼吸を行うことで心をリラックスさせます。

図表4-14　呼吸法（腹式呼吸）

①少し背中を丸くして息を吐き、鼻からゆっくり息を吸う。4拍数えてお腹がふくらむのを意識する

②ゆっくり息を吐いて8拍数え、お腹がへこむのを意識する。①と②を繰り返す

＜漸進的筋弛緩法＞

　不安や緊張を感じると身体がこわばります。漸進的筋弛緩法は、意識的に筋肉を緊張させ、そのあとゆるめることで筋肉のこわばりを解きほぐし、心をリラックスさせます。

図表4-15　漸進的筋弛緩法

 手 と 腕

①力を入れて両腕を前に伸ばしていき、拳を握って前腕部を力むようにする

②力を入れたまま肘から腕を曲げ、上腕に力を入れる

③両腕を脱力していき、リラックスする

①肩をすぼめ、約10秒間両肩に力を入れたままにする

②その後、ストンと両肩を落として脱力し、リラックスする

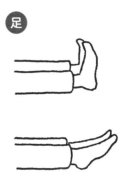

つま先に力を入れて立て、その後、力を抜いてリラックスする

＜自律訓練法＞

　自律訓練法は、自己暗示によって段階的に筋肉の緊張をほぐし、心身をリラックスさせて自律神経系の働きのバランスを整えます。

①背景公式
　（安静練習）
「気持ちが落ち着いている」と暗示する（仰向けに寝た仰臥姿勢でもよい）

②第１公式
　（重感練習）
「両手両脚が重たい」と暗示する

③第２公式
　（温感練習）
「両手両脚が温かい」と暗示する

④消去動作
両手を強く結んだり開いたりする運動を数回行い、背伸びしながら息を吐いて最後に目を開ける

※重・温感練習中や練習後に不安感やイライラ感、不快感をともなう胸痛や頻脈が出現した場合は、練習を中止する。

6．認知行動療法

　認知行動療法は、認知と行動の両面に働きかけてストレスを軽減させる心理療法です。セルフコントロール力を高めて、抑うつや不安など、さまざまな問題の改善を図ります。1960年代に米国の精神科医であるBeck A.T.により、行動に焦点を当てた行動療法と、思考など認知に焦点を当てた認知療法が統合されたものです。

図表4-17　認知行動療法の基本モデル

　認知行動療法の基本モデルは、ストレスを個人を取り巻く環境のストレス状況と、そのストレス状況から生じるストレス反応に分けて考えます。そして、

ストレス反応を、**認知（思考）**、**気分（感情）**、**行動**、**身体反応**の４領域に分け、ストレス状況についての認知が変われば、気分、行動、身体反応も変化することを理解します。たとえば、落ち込みやすい人には、ちょっとした失敗でも取り返しのつかない失敗だととらえてしまう**独自の認知のゆがみ**があり、その認知が影響を与えて気分（憂うつ）、行動（活動の低下）、身体反応（頭痛、倦怠感^{けんたい}）といったストレス反応を生じさせます。さらに**非合理的、悲観的な認知**を引き起こし、悪循環から抜け出せなくなるため、**認知を修正**し、**行動パターン**を変えることで悪循環を断ち切ります。

＜マインドフルネスの活用＞

　マインドフルネス（Mindfulness）とは、「今、ここ」に心を向け、現実をあるがままに知覚し、感情や思考にとらわれない意識のもち方を指します。2500年以上前の原始仏教で用いられていたsati（「心をとどめておくこと」「注意」などの意味）という仏教用語の英語訳で、日本語では「気づき」と訳されます。

　1970年代に米国のJon Kabat-Zinnが慢性疼痛^{とうつう}患者を対象としたグループ療法として**マインドフルネスストレス低減法（MBSR）**を開発しました。それ以降、精神医学、臨床心理学の分野でMBSRを再発性うつ病に適用したマインドフルネス認知療法や**アクセプタンス＆コミットメント・セラピー**などの介入法が活用されています。マインドフルネスの本質の考え方を理解するのは難しいので、技法としての瞑想を実践することで体験的に理解します。

＜マインドフルネスが目指すこと＞

　「今」に注意を向け、過去や未来についての否定的な考え（あんなことを言わなければよかった、また失敗したらどうしよう）から距離をとり、瞑想を通じて否定的な思考や感情を俯瞰^{ふかん}して、冷静に対処できるようになることです。世界的な大企業も、社員の健康や生産性向上のために瞑想を取り入れています。

＜マインドフルネスを実践するための２つの瞑想＞

●**集中瞑想**：「今、ここ」に注意をとどめるための集中力を育みます。特定の対象（例：呼吸）に集中し、頭に浮かぶ思考があっても、呼吸から注意が逸れていることに気づいたら、呼吸に注意を戻します。

●**洞察瞑想**：特定の対象は用いず、今この瞬間に生じている思考や感覚、感情などの経験をありのままに受け入れ、この経験が現れては消えていくこと自体に“気づいている”という訓練をし、平静さを育みます。

2 過重労働の防止と健康への取り組み

☑ これだけはおさえよう！

- 職場には労働者自身ではコントロールできない職場特有の健康障害因子が存在するため、事業者は、過重労働（長時間労働）を職場からなくす努力が必要。

- 過労死等とは、過度な労働負担が誘因となって、高血圧や動脈硬化などの基礎疾患が悪化し、脳血管疾患や虚血性心疾患、急性心不全などを発症し、永久的労働不能または死に至った状態である。

- 脳・心臓血管事故を起こす原因である動脈硬化を促進させないために、「メタボリックシンドローム（メタボ）」の概念により、動脈硬化抑制を目的として必要な情報提供や特定保健指導を実施している。

過重労働によるメンタルヘルスへの影響

　日本では仕事の状況に応じて業務範囲が変動し、仕事が増えた場合も既存の労働者で補っていく**職場文化**があるため、そのぶん労働時間が長くなる傾向があります。事業者は、過重労働など労働者自身ではコントロールできない職場特有の**健康障害因子**の対策に取り組む必要があります。厚生労働省では、時間外・休日労働時間が月**45時間以内**であれば健康障害のリスクは低く、**月100時間**を超えたり、2〜6ヵ月平均で**月80時間**を超えると、健康障害リスクが非常に高くなるとしています。そのため、「過重労働による健康障害を防止するため事業者が講ずべき措置」（P93参照）として、①時間外・休日労働時間の削減、②年次有給休暇の取得促進、③労働時間等の設定の改善、④労働者の健康管理に係る措置の徹底の4点を挙げています。

事業場全体の活動

　事業場全体で、過重労働の抑制とメンタルヘルス不調などの健康対策に取り組むために、**衛生委員会**と**地域産業保健センター**を活用することが大切です。
- **衛生委員会**：過重労働（長時間労働）に関する議題を取り上げ、毎回、部署ごとに時間外・休日労働時間の実態や、医師による面接指導の結果を報告し、組織として解決に向けた対策を計画します。
- **地域産業保健センター**：小規模事業所で十分な安全衛生体制が整備できない場合は、産業保険サービス（保健指導など）の活用が可能です。

過重労働と脳・心臓疾患の関連性

　過重労働により脳・心臓疾患の発症リスクが高くなるという医学的見地が得られており、時間外労働時間が**月45時間**を超え、長くなればなるほど、脳・心臓疾患の発症リスクは高くなるとされています。そのメカニズムについて、詳細に証明されているわけではありませんが、長時間労働による強いストレスが影響していると考えられ、「精神障害の労災認定の基準に関する専門検討会（2011年11月）」でも、長時間労働とメンタルヘルス不調との関係について認めています。

図表4-18　ストレス、過重労働が原因で起こる健康障害のメカニズム

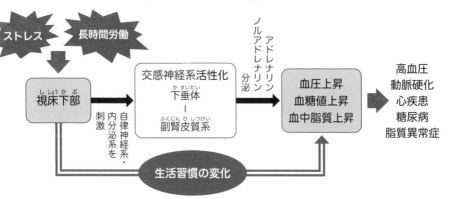

大量の飲酒、喫煙、高脂肪食、身体活動の減少など

　長時間労働が続くことでストレス反応が起こり、自律神経系と内分泌系を刺激して、**交感神経系**が活性化します。するとアドレナリンやノルアドレナリンの分泌が高まり、血圧上昇、血糖値上昇、血中脂質の上昇などを引き起こします。これが長期間続くと、高血圧、糖尿病、脂質異常症の状態となり、過労死の前段階である血管障害としての動脈硬化を発症させ、そこにさらに過重労働の負荷が加わって、脳・心臓循環器疾患の発症リスクを高めます。

メタボリックシンドロームと特定保健指導

　メタボリックシンドロームとは、内臓脂肪型肥満（内臓肥満・腹部肥満）に加え、高血圧・高血糖・脂質異常症のうち**2つ以上**の症状が一度に出ている状態を指します。その基準を理解し、動脈硬化を促進させないように予防することが重要です。

図表4-19　メタボリックシンドロームの診断基準

※1項目が該当する場合はメタボリックシンドローム予備軍

特定健診・特定保健指導

　高齢化の進展により、がんや糖尿病などの生活習慣病の割合が増加したことで、死亡原因も**生活習慣病が約6割**を占めています。そこで2008年4月から、医療保険者（国保・健保組合等の被保険者保険）に対し、40～74歳の加入者を対象に、**生活習慣病予防**のためのメタボリックシンドロームに着目した**特定健診（特定健康診査）**および**特定保健指導**の実施が義務づけられました。特定保健指導は、「動機づけ指導」と「積極的指導」に分けて生活習慣を改善する保健指導サービスを提供し、特に所見のない方は基本的な情報を提供する「情報提供レベル」となります。保険者は毎年、実施結果を国に報告しなければなりません。

<事業者健診と保険者健診の違い>

事業者健診（定期健診）	目的：就業に関する適正労働（労働安全衛生法）
保険者健診（特定健康診査）	目的：医療費の適正化（高齢者医療確保法）

メタボリックシンドロームの予防

　メタボリックシンドロームの本質は内臓脂肪の蓄積であるため、肥満の予防と改善が根本的な予防対策となります。

●**食事**：規則正しい食事の時間、食べ過ぎない（腹八分目）、よく噛む（ひと口30回）、睡眠前の食事を控える、夜食をとるなら軽くして消化のいいものを

工夫する、肉類や揚げ物など高カロリーのものを控える、食物繊維を摂取する、腹持ちのするカボチャなどの野菜やキノコ類などを多くとって間食を控える、味付けは薄味にする、アルコールは適量（1日、日本酒換算1〜2合まで）、いろいろなおかずを食べるなど。

●**運動**：定期的に軽度の**有酸素運動**（ウォーキング、ジョギング、サイクリング、水泳など）を行います。少し息が乱れ、ややきついと感じる程度の運動を20〜30分継続すると脂肪の燃焼効率がよく、循環器機能が向上して疾患を予防し、気分転換にもなります。

●**喫煙**：喫煙は血管を傷つけて動脈硬化を促進させるほか、血圧上昇や、糖尿病の人の血管障害を進行させるリスクも高まります。節煙ではなく**禁煙**を行うことが大切です。

3 自己保健義務 3種

☑ これだけはおさえよう！

●労働者には、自分の体調や健康を自分で維持管理する自己保健義務がある。

●事業者には、労働者がその生命、身体の安全を確保して労働することができるよう必要な配慮を行うという安全配慮義務（健康配慮義務）がある。

自己保健義務のための行動

自己保健義務とは、自分の体調や健康を自分で維持管理する義務のことをいいます。事業者には賃金の支払い義務（賃金支払い義務）があり、労働者には誠実に労働提供をする義務（誠実労働義務）がありますが、労働者が労働の義務を果たすためにも、健康の維持管理は欠かせません。

事業者が実施するストレスチェックは、職場単位でのストレス要因を分析し、職場として対策を検討して改善を進めるためのツールですが、労働者が自分のストレスの程度や状況をみて、ストレスチェックの結果を体調管理に役立てることも広く自己保健義務といえます。

事業者の義務と労働者の義務

事業者には**安全配慮義務（健康配慮義務）**があり、労働契約にともない、労働者がその生命、身体の安全を確保して労働することができるよう必要な配慮

をしなければなりません。しかし、事業者の安全配慮義務と管理だけでは職場における労働者の安全と健康の確保は達成できません。職場での労働災害の発生を防ぐために、事業者の災害防止の措置だけではなく、労働者の災害防止活動への参加と協力、自分自身の自己保健義務が法的にも定められています。

●労働安全衛生法第4条

　「労働者は、労働災害を防止するため必要な事項を守るほか、事業者その他の関係者が実施する労働災害の防止に関する措置に協力するように努めなければならない。」

●同法第66条第5項　健康診断の受診義務

●同法第66条の7第2項（保健指導等）保健指導後の健康管理義務

●同法第69条第2項（健康教育等）健康の保持増進義務

④ 自己管理としての早めの対処　　3種

☑ これだけはおさえよう！

●「体調不良」や「いつもと違う様子」にできるだけ早く気づく。

●1人で抱え込まず、周囲に協力を求める。

●事業者は、事業場内システムによって、労働者が抱える課題や問題を早期発見し対処する。

早期発見のセルフケア

　メンタルヘルス不調は、心理的な分野のことであるため、発症の状態が第三者にわかりにくいといえます。初期の段階では、一時的な心の反応なのか、病的なレベルの問題なのかも判断がつきにくいでしょう。本人の判断能力が低下している場合、**第三者の指摘**によって初めて、体調不良やいつもと違う様子に気づくこともあります。気持ちの変化（不安やイライラなど）や**身体面の変調**（眠れない、食事がおいしくないなど）は**早期のストレスサイン**ですから、自分なりに冷静に分析し、ストレスの原因を考えてみることが重要です。問題を1人で解決できない場合は、職場の同僚や上司、産業医や看護師、事業場内産業保健スタッフ、主治医などの第三者に相談して協力を求めるなど、早めの対処が重要です。

事業場内のシステムでの健康管理

　事業者は、労働者の健康を維持管理し適正に管理するための安全配慮義務の履行の一環として、産業保健スタッフを選任し、**健康診断**と**保健指導**を適切に行うことが必要です。定期健康診断の実施、深夜残業等の特定業務従事者への6ヵ月以内ごとの健診、過重労働者への医師による面接指導の実施、ストレスチェック後の医師による面接指導を行うことで、体調不良など、労働者が抱える問題の早期発見につながります。職場には、人間関係を通して、労働者の体調不良に気づくという面もあります。こうしたシステムにより、労働者と産業保健スタッフの信頼関係を深め、早期に対処できるようにします。

　2019年改正の労働安全衛生法（第13条の3）では、「事業者は、産業医又は前条第一項に規定する者……が労働者からの健康相談に応じ、適切に対応するために必要な体制の整備その他の必要な措置を講ずるように努めなければならない」とされ、労働者が希望すれば、**産業医の健康相談**を利用できることを、事業者は申出の方法とともに労働者に**周知徹底**することが義務づけられています。

5　ストレス対処行動　2種 3種

☑ これだけはおさえよう！

●ストレスに対処するための行動をコーピングという。ストレス反応の発生を抑えたり、反応の程度を低減したりすることを目的とした行動である。

●コーピングには、情動興奮の低減を目的とした情動焦点型コーピングと、問題解決を目的とした問題焦点型コーピングがある。

●さまざまなコーピングは、刺激の発生から身体的興奮までの一連の流れのどこかに「くさび」を打ち、ストレスの流れを中断するように働く役割を担っている。

ストレス対処行動の定義と役割

　ストレスに対処するための行動を**コーピング**といい、コーピングを適切に行うと、ストレス反応の発生や反応の程度を低く抑えることができます。行動をともなったものと、思考や感情をコントロールする作業の2種が含まれます。

問題焦点型コーピングと情動焦点型コーピング

　コーピングにはさまざまな分類方法がありますが、大きく次の2つに分類されます。

問題焦点型コーピング	ストレッサーを取り除くことを目的としている。喧嘩をしたときに、自分から相手に謝って良好な関係を取り戻す、部屋の騒音がひどいので引っ越しをするなど。
情動焦点型コーピング	ストレッサーによって引き起こされた怒りや不安などの反応の低減を目的としている。友人関係のイライラを忘れるためにお酒を飲んで気をまぎらわせたり、遊びや仕事に没頭するなど。

　一般的には、課題解決に直結する**問題焦点型コーピング**が好ましいといわれていますが、実際にはどうしても解決できないストレッサーも存在します。その場合はたとえば残業の多い仕事がストレッサーであれば、リラックスできる時間を設け、ゆっくり休んで感情を落ち着かせる**情動焦点型コーピング**を採用するなど、ストレッサーに合わせて2つの方法を活用するのがよいでしょう。

▶ ストレス発生の段階によるコーピング

　ストレス発生の段階に応じてコーピングを使い分け、刺激の発生から身体的興奮までのプロセスのどこかで、ストレス発生を止めるコーピングを行います。

図表4-20　ストレスの発生段階と効果的なコーピング

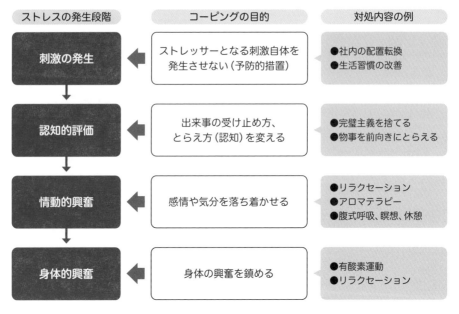

　ストレッサーにつながる刺激を発生させないために、人づきあいが苦手な人を1人でできる作業に配置したり、**生活習慣の改善**に取り組むことなどは**予防**

的措置となります。ミスをしたときに、なぜミスが起こったのかを冷静に分析し、同じミスをしないようにするのも効果的なコーピングです。

　認知的評価によりストレッサーを阻止する方法として、上司にプレゼンテーションを行うときに「嫌だ」と思わずに、自分の考えを示すよい機会だと考える、「ミスできない」ではなく「100％はあり得ない」と考えるなど、刺激を強いストレスとして認知しないように、**出来事の受け止め方を変える**とストレスの程度を軽く抑えられます。私たちは「〜すべきである」「〜してはいけない」という考え方にとらわれがちですが、「〜することが望ましいこともある」「〜してはいけないという理由はない」というように、自分の考えを広げていくこともコーピングです。また、私たちが怒りを感じるのは、自分の他人への勝手な期待が原因だということを認識するとともに、どうしても取り除けないストレス要因については、しばらく我慢してみるという判断も必要になってきます。

　私たちには長年の生活経験によってコーピングの特徴、くせがありますが、同じコーピングをしないように、ストレスに合わせて使い分けましょう。

　情動的興奮を鎮める方法としては、腹式呼吸などリラクセーションを行うと、情緒不安定の改善につながります。**身体的興奮**を鎮める方法としては、「ストレス物質」ともいわれ、身体を興奮状態にする**コルチゾール**を有酸素運動などで消費すると、心身の安定、身体的興奮の低下に効果的です。

▶ ストレス対処行動のスキルを高める

　個人によってストレスへの関心度やストレス低減のための努力度に違いがあるので、指導のアプローチを変えることでコーピングのスキルを高めていきます。

メンタルヘルスやストレスに関心がない段階	➡メンタルヘルスの講習会に参加したり、個人面接を積極的にもつようにする ➡コーピングの利点を伝え、練習できる機会をもつようにする
メンタルヘルスやストレスに関心はあるが、何も実行しようとしない段階	➡ストレス低減に努めることの恩恵の大きさを教え、これまでよりも変わりたいと思えるような動機づけを高める ➡家族など周囲の人への悪影響について理解を深める
メンタルヘルスやストレスに関心があり、実際に実行をし始めた段階	➡個人面接を通して、より効果的に実行する方法を伝える ➡リラクセーションの道具を身近に置くなどして、継続を促す
メンタルヘルスやストレスに関心があり、少なくとも6ヵ月以上実際にストレス低減に努めている段階	➡個人面接を通して、生活が逆戻りすることを予防する ➡ストレス低減に努める人たちと交流する ➡今後もやり続けられる見通しをもつことについて話し合う

6 職場の社会的支援（ソーシャルサポート） 2種 3種

☑ **これだけはおさえよう！**

● ソーシャルサポート（情緒的、情報的、道具的、評価的）は、ストレス低減に直接効果をおよぼしたり、他の対処行動の効果を強めたりすることができる。

● 職場におけるサポートは、メンタルヘルスの向上を支援し、仕事を通じて個人が自己実現に向かえるように働きかける積極的な役割を担っている。

ソーシャルサポートの役割と種類

周囲からのサポート（家族や友人、あるいは上司や同僚など）を社会的支援（ソーシャルサポート）といい、ストレス予防の重要なスキルと位置づけられます。ストレスの低減に直接的な効果をもたらしたり、他の対処行動の効果を強めたりします。職場でのサポートには、メンタルヘルスの向上を支援し、仕事を通じて**自己実現**が可能になるよう積極的に働きかける役割があります。

ソーシャルサポートは、次の4種類に大別できます。

図表4-21　4種のソーシャルサポート

ソーシャルサポート	サポートの内容	サポートの例
情緒的サポート	周囲の人が受容的にサポートし、情緒を安定させやる気を起こさせる	うなずく、傾聴、励ます、見守る、笑顔で対応する、共感的な対応をする
情報的サポート（間接的支援）	問題解決のための情報を与える	必要な知識を与える、助言する、専門家を紹介する、研修を行う
道具的サポート（直接的支援）	問題解決のための道具を与えたり手助けをしたり、直接的に進める	協力して処理する、効率化を図るための処置や金銭面などのサポートをする
評価的サポート	適切な評価を行うことで自信を深め、今後のことについて積極的にさせる	努力を評価する、ほめる、適切な人事考査を行う、フィードバックをする

ソーシャルサポートの留意点

サポートする立場の管理監督者は、情緒的サポートを行いつつ、並行して情報的サポートや道具的サポートを提供します。その経過や結果によって、評価

的サポートを行うように努めます。ただ、ソーシャルサポートはあくまで、個人が主体的に努力する中で、その努力がより効果を発揮できるように支えるものであることに留意します。**サポートは一方的なものではなく、お互いにサポートし合うものである**ということを理解しておく必要があります。

▶ 労働者の適性に合わせたサポート

　メンタルヘルスに配慮してサポートする場合は、個人の仕事上の適性を考慮して的確にサポートする必要があります。**適性**とは、仕事において、**処理のむらが少なく効率のよい状態を一定に保てる才能や技術の程度**のことで、適正を測るには現状に対する適応状態の良し悪しで判断します。

①適応状態が良好で、現在の仕事に適性があると判断される場合

　一見サポートの必要がないように考えられますが、無理をして過度に適応しようとしている（過剰適応）可能性もあります。過剰適応の場合、一時は頑張って適応状態を保っていても、その状態が長く続くと最後には疲弊して死に至る可能性もあります。好調にみえる人でも無理をしていないかという視点で見直すことが必要です。励ましばかり与えると逆効果になる場合もあるので、評価的サポートにより努力を評価しつつ、仕事を他者に分担するなどの情報的・道具的サポートが必要です。

②職場適応に大きな問題はないが、最近元気がなく俊敏な反応が減少してきた場合

　1週間以上続いている場合、過剰適応が効かなくなった状態である可能性もあり、要注意です。受容と傾聴による情緒的サポートで安心感を与え、道具的サポートを提供して他者との協力で処理できるようにします。

③職場適応が悪化している場合

　強力なサポートが必要で、配置転換などの道具的サポートを検討する必要があります。適応状態が悪く職場で孤立している場合は、情緒的サポートを最大限に提供して不安を払拭できるようにします。

▶ 職務内容に合わせたサポート

　職務内容の違いによって、効果的なサポートも変わってきます。

● **生産部門**：品質管理や製品生産などを行うため、評価的サポートが重視される。

● **事務**：人員管理や他の庶務業務を行うので、道具的サポートが必要とされる。

● **営業**：対人関係が影響するため、情報的サポートの必要性が高い。

ソーシャルサポートの自己点検（ 3種 のみ）

　自分自身のソーシャルサポートを点検し、必要なソーシャルサポートを確認したり、ソーシャルサポート源を充実させたりすることは、ストレスを防ぐために重要です。有形無形の支援により、情緒的な安定を与えてくれる存在として、相談できる上司・同僚を見出すように努め、仕事上の悩みや困難に対処できる**人的環境面**を整えることが大切です。産業医や看護師、心理カウンセラーなどの専門家もまた、ソーシャルサポート源となります。日頃からあいさつをするなど、自分から何らかのアプローチを行い、親しくつきあうようにします。

　また、**個人的特性**として、人見知りが激しい、困っていることを打ち明けにくい、自分の考えや思いを他者に伝えにくいといった面がある場合は、ソーシャルサポートが受けにくくなります。自分の特性を理解し、徐々に他者と理解し合える状態をつくれるように、自分の行動や考え方を変える努力をすることも必要です。このように自分の特性と向き合う内省的な思考によって、新たな問題解決法を見出し、自分の能力を伸ばしていくことができます。

図表4-22　ソーシャルサポートの充実を阻害する考え

【孤立した考え】
- 人は本来孤独だ。他人に助けを求めたり、弱音を吐いたりすべきではない。
- 他人や組織は自分を裏切るので信用できない。
- 人づきあいはわずらわしく、あいさつや愛想なども不要。仕事だけきちんとこなせばよい。

【他人に依存する考え】
- 自分はサポートされる立場でよいので、困ったときはいつでも誰にでも助けを求めればよい。

【自己へのコンプレックスの強い考え】
- 自分には能力がなく、1人では何もできない。

職場の同僚とは、相互に有形無形の支援（サポート）を受けていることを理解しましょう。サポートはギブ・アンド・テイクですから、相手からサポートを得るためには、自分も相手のサポート源になる必要があります。

　独立行政法人労働者健康安全機構による「Selfcare こころの健康気づきのヒント集」(https://www.mhlw.go.jp/content/000561002.pdf)に、セルフケアのためのヒントがわかりやすく示されています。

2種
頻出度
★★

③ プライバシーの配慮と留意点

❶ メンタルヘルスに関する健康情報とプライバシーへの配慮 2種

☑ これだけはおさえよう！

- 個人のプライバシーが考慮されなければ、労働者は安心してメンタルヘルスケアに参加することができなくなり、健康問題の早期発見が困難になる。
- 産業医をはじめとする産業保健スタッフなどは、法律で守秘義務が規定されている。
- 管理監督者のように守秘義務の適用がない者であっても、プライバシーを侵害された者から、民事上の損害賠償責任を追及される可能性がある。

▶ プライバシー配慮

　労働者の**健康情報**は、個人情報の中でも特にデリケートな情報です。特にメンタルヘルスに関する情報は、客観的な評価が難しく、誤解や偏見が起きやすいため、厳格に保護されなければなりません。メンタルヘルスケアを進める際は、労働者が安心してメンタルヘルスケアに参加できるように、きちんとプライバシーに配慮し、心の健康問題を早期発見できるようにします。

▶ 健康情報の守秘義務

　産業医をはじめとする産業保健スタッフには**守秘義務**が規定されています。
　①**医師**：「刑法」で守秘義務およびその罰則を規定。
　②**保健師・看護師**：「保健師助産師看護師法」で守秘義務およびその罰則を規定。
　③**健康診断の事務担当**：「労働安全衛生法」で守秘義務を規定。
　守秘義務の規定がない者であっても、勝手に第三者にプライバシー情報を教えた場合は、プライバシーを侵害された者から**民事上**の損害賠償責任を追及される可能性があります。

2 安全配慮義務とプライバシー配慮の両立 　2種

☑ これだけはおさえよう！

● 健康情報などの個人情報を収集する際には、事業者の安全（健康）配慮義務を果たすことなど、はっきりとした目的が必要となる。

● 健康情報を収集する際には、原則として労働者本人の同意を得る必要がある。

● 顧客や同僚などの第三者の安全と健康の確保が、労働者のプライバシーの確保より優先される場合がある。

▶ 健康情報の適切な取り扱い指針

　2019年4月1日より「労働者の心身の状態に関する情報の適正な取扱いのために事業者が講ずべき措置に関する指針」が適用されました。

● **目的①**：労働者が、不利益な取り扱いを受けるという不安を抱えることなく、安心して産業医などによる健康相談等を受けられるようにする。

● **目的②**：事業者が、必要な情報を取得して、労働者の健康管理措置を十全に行えるようにする。

　事業者は、衛生委員会などで協議のうえ、健康情報等に関する取り扱い規定を策定し、その内容を掲示したり、イントラネット（組織内のプライベートネットワーク）に掲載するなどして、労働者と共有することが求められます。

　情報に関しては、労働安全衛生法において、労働者の同意を得ずに収集できる情報であっても、**取り扱い目的**、**方法**、**取り扱う健康情報の範囲**について、**労働者に周知**したうえで収集する必要があります。また、特定の目的があったとしても、健康情報を収集する際は、原則として**労働者本人の同意**を得る必要があります。

　健康情報を取り扱う場合は、刑法等で守秘義務が定められている**医療職**が責任をもって**一元管理**し、必要に応じて情報を**加工**して提供しましょう。そして、事業者は、健康情報の漏洩を防止するために、物理的、技術的、人的、組織的な観点から、多角的で厳格な安全管理措置を講じなければなりません。

安全配慮義務とプライバシー配慮との両立

　実際の産業保健活動では、状況によっては顧客や同僚など第三者の安全と健康の確保が、労働者のプライバシーの確保より優先される場合があります。たとえば、電車の運転士が睡眠時無呼吸症候群で眠ってしまうというようなケースの場合、産業医などから本人に対して、受診して治療することの必要性、運転できる状態になるまで運転業務から外れること、その情報を上司などに伝える必要があることを説明して、同意を得る必要があります。どうしても本人の同意が得られない場合は、「**重要度・緊急性**」と「**プライバシーの保護**」のバランスを考慮して、必要最小限の情報を必要最小限の関係者に提供し、相談します。

> **プライバシーマーク制度**
> 　一般財団法人日本情報経済社会推進協会（JIPDEC）が認定する制度で、プライバシーマークの認定を受けた事業者は、法律に適合していること、より高い保護レベルの個人情報保護マネジメントシステムを自主的に確立・運用していることの証拠になります。

2019年4月施行の改正労働安全衛生法では、事業者は労働者の心身の状態に関する情報を適正に管理するために必要な措置を講じなければならないことが明記されています。

④ 管理監督者自身の セルフケア

❶ 管理監督者のストレスケア　2種

☑ これだけはおさえよう！

● 管理監督者のストレス対策は、労働者に対するセルフケアと同様であるが、管理監督者自身もストレスを受ける可能性があることは見逃されがちである。

● 働き方改革によって、一般職の部下に長時間労働を指示することができなくなったことから、そのしわ寄せが管理監督者にくる可能性がある。

● ストレスを受けやすい性格として、真面目、几帳面、仕事好き、人間関係に気を遣う、などが指摘されている。

▶ 管理監督者のストレスと不調

　2006年3月に公表された「労働者の心の健康の保持増進のための指針」では、「ラインケア」を管理監督者の重要な役割として位置づけていますが、管理監督者自身もストレスを受け、**昇進うつ病**などのメンタルヘルス不調に陥る可能性があります。

管理監督者にみられる心の病気の発生原因の一例

①昇進・昇格などの人事異動を機に、責任が重くなる

②上司と部下との間で板ばさみになってストレスを受ける

③十分な権限や裁量がない状態での過酷な長時間労働（名ばかり管理職）

④働き方改革による仕事のしわ寄せ

⑤在宅勤務、リモートワークによる部下指導の困難さ

⑥性格面では真面目、几帳面、仕事好きで、他人との円滑な人間関係の維持に気を遣う

管理監督者のためのメンタルヘルスケア

　管理監督者のストレス対策は、基本的には労働者のセルフケアと同じで、「ストレスへの気づき」「ストレスへの対処」「自発的な相談」が必要です。

　管理監督者自身の有効なケアとしては、以下の6項目があります。

①自分のストレスに気づく

● ストレス反応に自分で気づかない場合も多くあるため、定期的なストレスチェックを受検する。

● 集団分析の結果、**上司の支援点数が低ければ**、注意が必要。

● ストレスを過度に抱えず、改善に向けた取り組みを前向きに検討する。

②質のよい睡眠をとる

● 良質な睡眠をとる（早朝に出社して定時に退社・帰宅し、そのぶんの余った時間を睡眠に充てるなど）。

● 飲酒の量によっては、睡眠の質が悪くなるため注意する。

● 平日と休日のメリハリをつける。

③自分も相手も大切にした自己表現をする

● 自分の気持ちや考えを伝える際に相手のことも配慮し、自分も相手も大切にする自己表現法の**アサーション**を心掛ける。

④リラックスする

● 簡便に行える**呼吸法**や自律訓練法などの**リラクセーション法**を取り入れる。

⑤自発的に相談する

● 管理監督者は、一般労働者に比べて相談相手が限定されるため、自発的な相談が必要。上司や同僚、**産業保健スタッフ**や**事業場外資源**を活用する。

⑥研修を受ける

● 管理監督者を対象としたセルフケアに関する研修などを受ける。

● 年配の管理者はデジタルリテラシーが低いので、日頃からチャット、SNS、Web会議などの遠隔コミュニケーションツールに慣れておく。

　管理監督者の年齢層では、さまざまなライフイベントを経験する可能性が高くなりますが、自分自身の相談をすることにためらいを感じがちです。管理監督者自身が強いストレス要因にさらされていることに対して、産業保健スタッフからねぎらいの声をかけ、気兼ねなく相談するように伝えることも重要です。

Check!

☑☑☑ **1** 2011年に策定された労災認定において「心理的負荷による精神障害の認定基準」は、業務による心理的負荷と業務以外の心理的負荷の強度を評価する基準を設定し、業務上外を判断する手順を示している。

☑☑☑ **2** 「心理的負荷による精神障害の認定基準」の「特別な出来事」には、極度の長時間労働(たとえば月160時間を超えるような時間外労働)があり、心理的負荷の総合評価を「強」とするものが具体的に明示されている。

☑☑☑ **3** 自己暗示の練習によって不安や緊張を軽減させ、筋肉を弛緩させ自律神経の働きのバランスを整える自律訓練法の標準練習手順は、安静練習→温感練習→重感練習→消去動作の順で行う。

☑☑☑ **4** 過重労働と脳・心臓疾患との関連性が強いという医学的見地から、時間外労働時間が月80時間を超えて長くなればなるほど、発症リスクは上昇するとされている。

☑☑☑ **5** 高齢者医療確保法の施行によって、2008年4月から、医療保険者に対し、40～74歳の加入者を対象として、定期健診において、メタボリックシンドロームに着目した生活習慣病のための予防が義務づけられた。

☑☑☑ **6** ストレスに対するための行動をコーピングといい、問題解決を目的とした問題焦点型コーピングと、情動興奮の調整を目的とした情動焦点型コーピングに分けられる。

☑☑☑ **7** サポートする立場にある人は、基本的に、職場で必要な情報を与える情報的サポートを行いつつ、情緒的あるいは道具的サポートを提供し、その経過や結果において評価的サポートを行うという包括的なサポートに努める。

☑☑☑ **8** 保健師・看護師については、保健師助産師看護師法において秘密保持義務およびその罰則を規定している。

☑☑☑ **9** 「労働者の心の健康の保持増進のための指針」では、事業者は管理監督者もセルフケアの対象者として含めることや、事業場内産業保健スタッフ等は、管理監督者に対する相談対応、メンタルヘルスケアについても留意する必要があることが明記されている。

正解&ポイント解説

➡のページは、本テキスト内の参照ページを示します。

適切。労災認定においては業務上の疾病とされる要件である「業務による強い心理的負荷」となる出来事は、「特別な出来事」と「特別な出来事以外」に分けられている。　　　　　➡P90参照	○
適切。極度の長時間労働(たとえば月160時間を超えるような時間外労働)は、「特別な出来事」であり、心理的負荷の総合評価を「強」と具体的に明示されている。　　　　　➡P90〜91参照	○
不適切。自律訓練法の標準練習手順は、安静練習→重感練習→温感練習→消去動作の順で行う。　　　　　➡P106参照	×
不適切。時間外労働は月45時間を超えて長くなればなるほど発症リスクは上昇すると理解されている。　　　　　➡P109参照	×
不適切。メタボリックシンドロームに着目した生活習慣病予防のための特定健診および特定保健指導の実施が義務づけられた。　　　　　➡P110参照	×
適切。ストレッサーは解決されるべき課題であり、コーピングは、その課題を解決するための行動である。　　　　　➡113〜114参照	○
不適切。サポートする立場にある人は、基本的に情緒的サポートを行いつつ、情報的あるいは道具的サポートを提供し、その経過や結果において評価的サポートを行うという包括的なサポートに努める。　　　　　➡P116参照	×
適切。医師は「刑法」において、保健師・看護師は「保健師助産師看護師法」において、秘密を漏らした場合は、「6ヵ月以下の懲役または10万円以下の罰金」と規定されている。　　　　　➡P119参照	○
適切。管理監督者の役割は「ラインケア」となっており、管理監督者自身もストレスを受ける可能性があることが見逃されがちであるが、管理監督者のストレス対策も留意する必要があることが明記されている。　　　　　➡P122参照	○

Check!

	語句	説明
☐☐	**業務上外の判断指針**	「心理的負荷による精神障害等に係る業務上外の判断指針」では、①国際疾病分類による対象疾病に該当する精神障害を発症していること、②対象疾病の発病前おおむね6ヵ月の間に客観的に該当精神障害を発病させるおそれがある、業務による強い心理的負荷が認められること、③業務以外の心理的負荷および個体側要因により当該精神障害を発病したことは認められないことの3点から、精神障害の業務起因性が総合的に判断される。
☐☐	**過労死等**	過労死等防止対策推進法第2条で、業務における過重な負荷による脳血管疾患・心臓疾患を原因とする死亡、業務における強い心理的負荷による精神障害を原因とする自殺による死亡、死亡には至らなくとも、これらの脳・心臓疾患、精神障害までを含めて過労死等と定義づけている。
☐☐	**メタボリックシンドローム**	ウエスト周囲径が男性で85cm以上、女性90cm以上であり、かつ血清脂質異常、血圧高値、高血糖の3項目の診断基準のうちどれか2項目以上に該当するとメタボリックシンドロームと診断される。
☐☐	**喪失体験**	自分にとって大切なものや慣れ親しんだものを失う体験で、引っ越し、家族の死、子どもの独立、離婚・失恋、体力や能力の衰えなど。喪失体験をきっかけとして発病するメンタルヘルス不調の多くはうつ病である。
☐☐	**特定健診（特定健康診査）**	メタボリックシンドロームに着目した生活習慣病予防のため、40～74歳までの被保険者・被扶養者にターゲットを絞り込んで、特定健診および特定保健指導を行うことが高齢者医療確保法の施行によって義務づけられている。
☐☐	**過剰適応**	現在の状況に適応するために無理して（過度に）適応を図っている状態。一時はがんばって適応状態を保つが、その状態が長く続くと最後には疲弊して死に至る可能性もある。
☐☐	**昇進うつ病**	昇進による環境や仕事内容の変化が心身に負担をかけて、職場へ適応できなくなったときに罹るうつ病。几帳面で生真面目な人にとって大きな負担になる。
☐☐	**アサーション**	管理者は自己主張が強すぎて相手を抑え込んでしまうような言動がありがちだが、自分も相手も大切にするアサーションの自己表現訓練法を身につけることが重要である。
☐☐	**リラクセーション**	心身をリラックスした状態へ導くストレス対処法。呼吸法、漸進的筋弛緩法、自律訓練法など。ほかには、音楽、ヨガ、アロマテラピーなども用いられている。

第5章

MENTAL HEALTH ♥ MANAGEMENT

不調の早期発見と部下に対する相談対応

出題傾向

　第5章では、部下の「いつもと違う様子」から気づく、不調の早期発見のポイントや、話の聴き方、情報提供や助言の仕方などが重要です。さらにストレスの反応の出方（身体面、行動面、心理面）などは管理監督者が気づくポイントとして、またセルフケアとしても覚えておきましょう。心の不調のみえにくさや危険対応の際の医療へのつなぎ方、コミュニケーションでは、「ジョハリの窓」やノン・アサーティブ、アサーティブな事例なども実際に出題されています。

① 相談対応の基盤となる コミュニケーション

❶ 上司と部下のコミュニケーションの重要性 　2種

☑ これだけはおさえよう！

- ●ラインケアを推進していくためには、部下とのコミュニケーションの促進は必須である。
- ●自己充足的コミュニケーションは、人間関係の形成・維持向上・緊張解消などの効果をもたらす。

▶ コミュニケーションの過程と阻害

　コミュニケーションについて、辞書には「社会生活を営む人間の間で行う知覚・感情・思考の伝達。言語・記号その他視覚・聴覚に訴える各種のものを媒介とする」とあります（『広辞苑』第7版より引用）。

　コミュニケーションは、「送り手」「媒体」「受け手」によって成り立ち、送り手が対面や電話などの媒体を通してメッセージを的確に発信し、そのメッセージを受け手が正確に受信することで良好なコミュニケーションが成立します。

図表5-1　コミュニケーションが成立する流れ

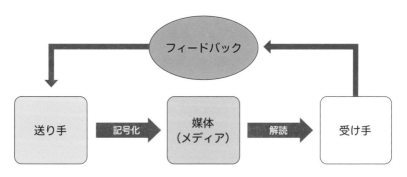

送り手がメッセージを相手に的確に発信できないときや、受け手がメッセージを正確に受信できないときなどは、コミュニケーションが阻害されてしまいます。そうすると図表5-2のように、職場で上司と部下の間に悩みが生じ、良好な関係を築くことができません。

図表5-2　コミュニケーションに関する悩みの例

部下	上司

●自分の気持ちをうまく伝えられない
●自分の気持ちを話しても
　聞いてもらえない、わかってもらえない
●上司と話をしたいが話す機会がない
●話をしたいと思える上司がいない
●話しても意味がないと思う、
　話したことでかえって悩みが悪化しないか心配

●部下の言いたいことがわからない
●どこまで詳しく話を聞いていいのかわからない、
　自分から率直に話してくれないとわからない
●部下の話を聞く機会をもてない
●部下の話を聞きたいと思わない
●部下に嫌われそうで腫れ物に触るような接し方を
　してしまう、言いたいことが言えない

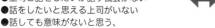
コミュニケーションによる状況把握の効果

　コミュニケーションの阻害を改善するうえで参考になるのが「ジョハリの窓」という考え方です。「ジョハリ」とは、考案者のジョセフ・ルフトとハリー・インガムの名前を組み合わせたもので、自分自身をとらえるトレーニングとして活用されています。

　この考え方では、自分と他人の関係における心の状態を、図表5-3のように4つの窓に分類します。

図表5-3　ジョハリの窓

		自分が	
		知っている	知らない
他人が	知っている	①開放領域（開かれた窓） 自分が知っていて、他人からも知られている部分	②盲点領域（みえざる窓） 自分にはわからないが、他人からはよくみえる部分。意外な長所・短所、くせなど
	知らない	③隠蔽領域（隠されている窓） 自分では知っていても、他人には隠している部分。コンプレックスやトラウマなど	④未知領域（暗黒の窓） 自分にも他人にもまだ知られていない部分

「ジョハリの窓」では、「開放領域」を拡大していくことでコミュニケーションの阻害を解消し、良好な関係を形成していくことができるといわれています。管理監督者から積極的に部下とコミュニケーションをとることで、義理で返報（**返報性（互恵性）の法則**：もらったものに対して、同じものをお返ししなければならないと感じる心理）をしていた部下も**自己開示**するようになり、容易に状況を把握できる効果があります。

▶ コミュニケーションの２つの側面

アメリカの社会心理学者レオン・フェスティンガー（Leon Festinger）は、対人的コミュニケーションを、**道具的コミュニケーション**（業務をスムーズに進めるために道具のように使う）と、**自己充足的コミュニケーション**（あいさつや「最近、調子はどう？」といった仕事とは関係のないコミュニケーションで満足できる）の２つの側面で分類しました。自己充足的コミュニケーションには、人間関係を築いたり深めたりするほか、緊張を解消する効果があります。

② コミュニケーションのスキル向上　〔2種〕

☑ これだけはおさえよう！

● 自己表現のコミュニケーションとして、自分と相手を大切にしながら、自分の気持ちや意見を表現する「アサーティブ」の表現を身につけることが大切である。

● 話を聴くスキルとして、相手の言わんとすることを、相手の身になって真剣に傾聴し理解しようとする態度や姿勢が重要である。

● 非言語コミュニケーションは、部下をとらえる際に重要なチャネルになる。

▶ 伝えるコミュニケーション（アサーション）

コミュニケーションをとる際の自己表現の特徴によって、図表5-4のように3つのタイプに分類されますが、伝えるコミュニケーションでは、相手を尊重しながら、自分の気持ちや意見を伝える**アサーティブな自己表現**を身につけることが大切です。一方、**非主張的な自己表現**や**攻撃的な自己表現**は、極力避けるようにします。自分の気持ちや考えを率直に、その場にふさわしい方法で表現するとともに、相手の意見に賛同できないときも、相手の話を理解し、互いに

歩み寄ることで一番よい妥協点を探っていくとよいでしょう。

図表5-4　自己表現の特徴一覧

	ノン・アサーティブタイプ（非主張的）	アグレッシブタイプ（攻撃的）	アサーティブタイプ
特徴	●自分の気持ちや考え、意見を尊重しない ●自分をおさえて相手を優先し、消極的な態度やあいまいな言い方をする	●自分の気持ちや考え、意見をはっきりと言う ●相手の意見や気持ちを尊重せず、自分の考えを押し付ける	●自分の意見も相手の意見も、ともに尊重する ●互いに歩み寄り、双方にとって一番納得のいく結論を導き出す
例	引っ込み思案、卑屈、消極的、自己否定的、依存的、黙る、弁解的	強がり、尊大、無頓着、他者否定的、自分本位、支配的、責任転嫁	正直、率直、積極的、自他尊重、自発的、自他調和、歩み寄り、柔軟性

出所：平木典子『三訂版 アサーション・トレーニング-さわやかな〈自己表現〉のために-』（金子書房）をもとに作成

聴くコミュニケーション

　コミュニケーションには、発表や対話、討論、非言語コミュニケーションがありますが、コミュニケーションで最も重要なことは、相手の話を聴く能力です。

　聴くコミュニケーションとは、相手が伝えようとすることを相手の気持ちに寄り添いながら真剣に聴き、理解しようとする態度や姿勢のことです。アメリカの心理学者アレン・E・アイビイ（Allen E. Ivey）らは、カウンセリングの際のコミュニケーションで、相手と信頼関係を築くために重要な手法のパターンを「**基本的かかわり技法**」としてまとめています。この技法を使い分け、相手と視線を合わせて、声も相手の声のボリュームやトーン、ピッチ（高さ）に合わせるように気を配ります。

図表5-5　基本的かかわり技法

意味の反映

感情の反映

励まし、いいかえ、要約

開かれた質問、閉ざされた質問

クライエント観察技法

かかわり行動（視線の合わせ方、ボディランゲージ、声の質など）

出所：アレン・E・アイビイ著　福原真知子他訳編『マイクロカウンセリング』（川島書店）をもとに作成

▶ 言語的コミュニケーション

　コミュニケーションには、言語的コミュニケーションと非言語的コミュニケーションがあり、言葉によるコミュニケーションを言語的コミュニケーションといいます。対面での会話のほか、メールや電話、メモ、チャットによるやりとりも含まれますが、「言葉」はときに、意図したことが伝わらなかったり、「意味」を取り違えて誤解を生むことがあるので、正しくわかり合うための工夫が必要です。

　自己意識（自分自身を意識すること）は、**私的自己意識**と**公的自己意識**に分けられますが、コンピュータコミュニケーションのほうが、対面コミュニケーションに比べて私的自己意識は高く、自分自身の感情に正直に行動しやすいことがわかっています。メールやチャットのやりとりでは、相手の私的自己意識の高まりに注意することが大切です。

- **私的自己意識**：自分の感情や動機、態度などを自分自身で把握している。自分の内面的な部分に向けられる意識。
- **公的自己意識**：自分の容姿や行動、属性などが周囲からどう評価されているかが気になる。自分の外面的な部分に向けられる意識。

▶ 非言語的コミュニケーション

　アメリカの心理学者アルバート・メラビアン（Albert Mehrabian）は、コミュニケーションを構成する3つの要素を**視覚情報**（顔の表情）、**聴覚情報**（声の調子）、**言語情報**（単語）としています。これらがコミュニケーションに与える影響を調べた結果（図表5-6参照）、言語的コミュニケーションだけではなく、非言語的コミュニケーションの影響も大きいことがわかりました。日頃から、部下とのコミュニケーションにおいて、非言語的コミュニケーションにも気を配ることが重要です。

図表5-6　コミュニケーションに影響を与える３つの要素

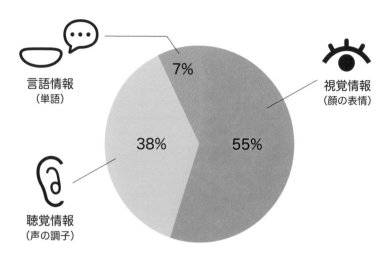

言語情報
（単語）

7%

視覚情報
（顔の表情）

38%

55%

聴覚情報
（声の調子）

図表5-7　非言語的コミュニケーションの種類

①	動作行動	ジェスチャー、身体の向きや姿勢、手足の動き、顔の表情、視線を向ける長さや方向、瞳孔の大きさの変化など
②	身体特徴	身長、体型、体格、容姿、体臭、口臭、頭髪の色や量、肌の色など
③	空間行動	対人距離や方向、なわばり、座席行動（座席や位置の取り方、配置の仕方）など
④	人工物	服装、香水、口紅、眼鏡、かつら、アクセサリーなど
⑤	接触行動	叩く、蹴る、握手、なでる、抱く、抱擁など
⑥	環境要因	建築様式、室内装飾、照明、色、騒音、音楽など
⑦	準言語 （パラ言語）	会話の速度、声の質（高さ、声量）、ため息、あくび、咳払い、ささやき、相づち、沈黙など ※言語に付随する非言語的側面の要素が当てはまる。

② 不調の早期発見のポイント

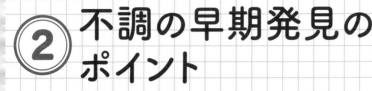

① ストレス反応の現れ方　2種 3種

☑ これだけはおさえよう！

- 人はストレス要因から刺激を受けると、その刺激や要求に応じて生体に緊張状態が発生する。これは危険から身を守るための防御反応であり、その性質を知っておくことが早期発見に役立つ。
- 部下の異変を早期に発見するためには、身体面・行動面・心理面の異変に注目する。

ストレスに対する防御反応とその変化

　人が危険で有害な事態に遭遇した場合、その危険から身を守るため、心身に防御反応が生じて「闘うか逃げるか」の戦闘態勢をとり（闘争-逃走反応）、交感神経系の活動が活発になって、防御の状態を整えます。

図表5-8　自律神経系の働き

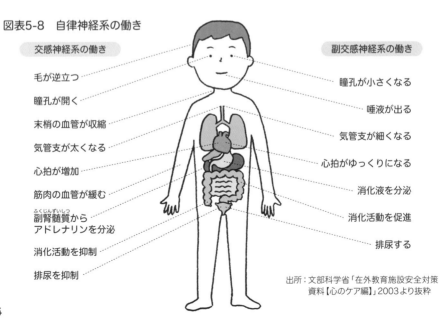

交感神経系の働き

- 毛が逆立つ
- 瞳孔が開く
- 末梢の血管が収縮
- 気管支が太くなる
- 心拍が増加
- 筋肉の血管が緩む
- 副腎髄質（ふくじんずいしつ）からアドレナリンを分泌
- 消化活動を抑制
- 排尿を抑制

副交感神経系の働き

- 瞳孔が小さくなる
- 唾液が出る
- 気管支が細くなる
- 心拍がゆっくりになる
- 消化液を分泌
- 消化活動を促進
- 排尿する

出所：文部科学省「在外教育施設安全対策資料【心のケア編】」2003より抜粋

ストレス要因が加えられた後に起こる心身の防御反応は、時間の経過によって大きく3つの段階に変化します。

図表5-9　ストレス反応の変化

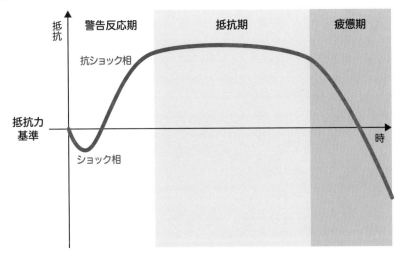

警告反応期	ストレス要因が加えられた直後の時期。一時的に抵抗力が低下する「ショック相」を経て、防御のために戦闘態勢を整え、抵抗力が高まる「抗ショック相」へ移行する。 ※ショック相：身体的活動が低下し、抵抗力も正常値より大きく低下する。 ※抗ショック相：アドレナリンが分泌され、交感神経系の活動が活発になり、覚醒・活動水準が高くなる。
抵抗期	副腎皮質ホルモンなどの分泌により、抵抗力が高まる。ストレス要因に対し活動性が高まり、バランスを保っている状態。人間の場合、抵抗期は約1週間から10日程度。
疲憊期（ひはい）	適応エネルギーの枯渇により再び抵抗力が正常値以下に低下し、ストレス反応が現れる。集中力、判断力の低下がみられる。

出所：文部科学省「在外教育施設安全対策資料【心のケア編】」2003より抜粋

　長時間ストレス要因の刺激を受け続けたり、強いストレス要因を受けたとき、ストレス要因の種類とは関係なく、次ページの図表5-10のような反応が心身に起きます（汎適応症候群）。これらの心理面・行動面・身体面の異変に注目することが、部下の不調を早期に発見するポイントとなります。

図表5-10　ストレス反応の種類

	ストレス反応	ポイント
身体面の反応	動悸、異常な発熱、頭痛、腹痛、疲労感、食欲の減退、嘔吐、下痢、のぼせ、めまい、しびれ、睡眠障害、悪寒による震えなど、全身にわたる症状	部下本人は「具合の悪さ」として自覚しやすいが、周囲は部下自身からの訴えがないと気づきにくい。普段から部下の話を聴き、部下自身が異変を訴えやすくなる働きかけが重要となる
行動面の反応	怒りの爆発、喧嘩などの攻撃的行動、過激な行動、泣く、引きこもり、孤立、拒食・過食、幼児返り、チック、吃音、ストレス場面からの回避行動など	部下本人も、周囲も気づきやすい。特に遅刻・欠勤などの出勤状況や、仕事の能率は管理監督者も把握しやすいポイントである
心理面の反応	不安、イライラ、恐怖、落ち込み、緊張、怒り、罪悪感、感情鈍麻、孤独感、疎外感、無気力などの感情、集中困難、思考力低下、短期記憶喪失、判断・決断力低下などの障害	●部下本人が自ら気づいた場合でも対処の仕方が難しい ●周囲からは異変がはっきりとわからない場合もあるため、異変に気づくためには、普段から部下の話に積極的に耳を傾ける

出所：文部科学省「在外教育施設安全対策資料【心のケア編】」2003より抜粋

図表5-11　身体面・行動面・心理面の反応

	身体面	行動面	心理面
急性反応	動悸、発汗、顔面紅潮、胃痛、下痢、振戦（ふるえ）、筋緊張	回避、逃走、エラー、事故、口論、喧嘩	不安、緊張、怒り、興奮、混乱、落胆
慢性反応	疲労、不眠、循環系症状、消化器系症状、神経筋肉系症状	遅刻、欠勤、作業能率の低下、大酒、喫煙、やけ食い、生活の乱れ	不安、短気、抑うつ、無気力、不満、退職願望

出所：岩田昇「主観的ストレス反応の測定」『産業ストレス研究』より作成

　独立行政法人労働者健康安全機構では、「職場における災害時の心のケアマニュアル」を作成し、事業場の産業医、保健師等の専門職の人々、事業主、衛生管理者、労務担当者及び同僚労働者が、災害や事件に遭遇した労働者、家族などにどのように接するべきか、企業がどのような対応を取るべきか等について、一般的な指針を示しています。より専門的な対応が必要な場合などは、産業保健総合支援センターに相談する等の対応が推奨されています。

2 部下の「いつもと違う」様子に気づく 2種 3種

☑ これだけはおさえよう！

● 「いつもと違う」とは、部下を外部の基準や他の部下と比較して「違い」を見つけることではなく、部下自身の特徴をおさえて時系列的な変化をとらえること。

● ストレス反応のレベルは、低い段階から高い段階の順に「活気のなさ」→「不安感」→「イライラ感」→「身体愁訴」→「抑うつ感」が自覚される。

▶ 「いつもと違う」とは

ストレスを受けて現れる心身の異変は、人によって違うため、普段から部下の様子に気を配り、早く「いつもと違う様子に気づく」ことが大切です。「いつもと違う」とは、外部の基準や他の部下と比較した「違い」ではなく、**部下自身の普段の状態や行動の特徴をおさえて、時系列で変化**をとらえることです。

▶ 「いつもと違う」をとらえるポイント

自覚症状をストレスの段階によってとらえると、次のように変化します。

● 低い段階では**「活気のなさ」**

● 中程度の段階では**「不安感」「イライラ感」「身体愁訴」**

● 最も高い段階では**「抑うつ感」**

部下の変化は、仕事ぶりについては労務管理や仕事の進捗状況の管理など、管理業務の延長線上においてとらえやすいでしょう。そのほか、言葉や態度、対人関係についても目を配るようにします。

図表5-12 「いつもと違う」部下の様子

● 遅刻、早退、欠勤が増える
● 休みの連絡がない（無断欠勤がある）
● 残業、休日出勤が不釣合いに増える
● 仕事の能率が悪くなる。思考力・判断力が低下する
● 業務の結果がなかなか出てこない
● 報告や相談、職場での会話がなくなる（あるいはその逆）
● 表情に活気がなく、動作にも元気がない（あるいはその逆）
● 気分にムラがあり、不自然な言動が目立つ（同僚との言い争いなど）
● ミスや事故が目立つ
● 服装が乱れたり、衣服が不潔であったりする

普段から部下の特徴（パーソナリティ・能力・健康状況）を把握し、それを踏まえて声をかけたり話を聴いたりすることが重要です。

出所：厚生労働省「職場における心の健康づくり～労働者の心の健康の保持増進のための指針～」より改変

③ 話を聴く・話すことの意義（管理者・部下・同僚）

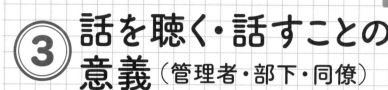

❶ 自発的な相談の重要性 　2種 3種

☑ これだけはおさえよう！

● 健康診断やスクリーニングテストで、メンタルヘルス不調を発見することは難しい。

● 相談をするということは直面する問題の解決に有効であるということだけではなく、人間の依存欲求を満たすことで精神健康に寄与するという幅広い意義がある。

こころの不調の発見の難しさ

　2015年12月から50人以上の事業場で義務化されたストレスチェック制度は、メンタル不調者の発見（スクリーニング）よりも、労働者のメンタルヘルス不調を未然に防ぐこと（**一次予防**）を主な目的としています。しかし、メンタルヘルス不調は、本人にとっては他人に知られたくない個人情報で、事業者に知られたくないと思う労働者も多く、精神面の健康診断やスクリーニングの難しさにつながっています。また、健康な人たちにスクリーニングテストを行った結果、病気ではないのに陽性と判定されてしまう偽陽性の確率が高くなるという問題があります。

　ただ、メンタルヘルス不調は、周囲の人が**言動や態度の変化**に注意していれば気づくことが多いため、管理監督者が部下の様子の変化に注目することが求められます。

　部下の言動に今までと違う様子がみられ、その原因がわからない場合、そのままにしないで原因を確認します。本人に問いかけても、その答えが**常識で理解できないもの**であれば、**メンタルヘルス不調**が疑われます。

図表5-13 うつ病でみられる言動の変化

●なんとなく元気がなくなった
●口数が少なくなり、冗談を言ったり笑ったりしなくなった
●会議などで自発的に発言しなくなった
●理由のはっきりしない休みが増えた
●昼食をあまり食べなくなった（食欲が落ちた）
●新聞や本を読まなくなった
●よくため息をつくようになった
●疲れたと深刻な表情で訴える
●気弱なことを言うようになり、自信を失い自己卑下するようになった
●仕事がはかどらなくなった（アウトプットが出てこない）

出所：厚生労働省「うつ対策推進方策マニュアル―都道府県・市町村職員のために―」より抜粋

メンタルヘルス不調では、病気かどうかの医学的な判断（**疾病性**）と、本人や周囲が困って治療を求めること（**事例性**）が一致するとは限りません。事例性が低い場合は、管理監督者が強く受診を勧めることはできないため、軽く受診を促す程度に留めます。職場管理のうえで**問題となる行動**が認められた場合には、医療機関の**受診を命じる**ことができます。

話すことの有効性

部下の相談にのる意義は、メンタルヘルス不調の早期発見・治療と、部下の悩みやストレスの軽減・解消です。ある問題に直面し、その解決策が見出せないとき、悩みの原因には、図表5-14の3点が挙げられます。自分だけでは解決策を見出せないとき、原因を解消するために人に相談するのは有効な方法です。

図表5-14 悩みの原因と相談による効果

悩みの原因	①問題の正しい把握・整理	②問題解決の手段・資源への気づき	③気持ちの整理をつける
相談者の状態	自分が直面している問題を、正しく把握・整理できていない状態	問題解決の手段や利用できる資源・人材を知らない状態	問題解決のために何かを犠牲にしなければならないが、その決心ができずに悩んでいる状態
相談による効果	相談者が相談相手にわかりやすい説明を試みたり、相談相手が相談者に不明点を質問、問題を整理して意見したりすることで、相談者の問題の理解や整理につながる	問題解決に必要な手段や利用できる資源・人材に関する情報を相談者に提供すれば、問題は解決に向かう	相談者が何も犠牲にしたくないと考えている場合は、第三者による客観的な意見や説得が有効

2 管理監督者がわかること、わかってもらうことの意義 2種

☑ **これだけはおさえよう！**

● 管理監督者が部下との信頼関係をうまく築けるかどうかは、きちんと相談にのることができるかどうかに左右される。

● 相談者に関心を向け、相談者を正しい方向に導く方法を探し、相談者の成長（気づき）を促すのが、理想的な相談である。

相談にのる

　管理監督者として、きちんと部下の相談にのることができるかどうかによって、信頼関係をうまく築けるかどうかが決まります。相談にのるというのは、以下の3点ができるということです。

① **気持ちをわかってもらう**：管理監督者がきちんと相談にのることで、部下は気持ちをわかってもらえたと感じ、依存（甘えの）欲求が満たされます。

② **真に相談者本人のためになる解決策を選択する**：たとえ当面は相談者に苦痛を強いる解決策であっても、将来を見通して最良の解決策を選択します。

③ **解決策を相談者本人に無理なく納得させる**：相談者に質問をして、自ら考えの矛盾や間違いに気づくようにし、解決策を押しつけずに無理なく納得してもらいます。

　相談者に関心を向けつつ、相談者を正しい方向に導き、**相談者の成長**（気づき）を促すのが、相談にのることだといえます。なお、相談者が問題の解決策に気づいたら、その時点で相談関係を終了させます。

3 カウンセリングの効果 3種

☑ **これだけはおさえよう！**

● ストレスとその対処について知りたいときや、いろいろな出来事が重なり精神的に落ち込んだときに、自発的に相談をすることもセルフケアにとって重要である。

● カウンセリングには、対面や電話によるカウンセリングのほか、電子メールやオンラインでのカウンセリングがあり、それぞれにメリットとデメリットがある。

カウンセリングの効果

カウンセリングを受けることで、次のような効果を得ることができます。

- ●話を聴いてもらい、気持ちがスッキリする
- ●話や自分のことを理解してもらうことで、孤独感や不安感がやわらぐ
- ●話をすることによって自分の問題を整理し、気づきや洞察を得る
- ●カウンセラーから有益なアドバイスがもらえる

カウンセラーから、リラクセーション（呼吸法や自律訓練法など）の指導を受けると身体がほぐれて心身の状態が改善し効果的です。また、考え方が偏ったり、否定的な考え方しかできない状態であっても、カウンセリングによって多面的・肯定的な考え方や生き方に気づいたりすることもあります。カウンセリングには、薬のような**即効性はなくても**、継続することで自己の成長や発達につながります。

カウンセリングの方法

①対面カウンセリング

カウンセリング・ルームなど専用空間でカウンセラーと直接会い、1対1でカウンセリングを受けることができます。精神療法の一環として医師が行うカウンセリングには、**健康保険が適用**されます。

②電話によるカウンセリング

直接顔を合わせず電話で行うため、カウンセリング・ルームに出向かなくてよいのが利点です。顔の見えない状態で話すことに不安を抱く人もいますが、慣れると電話での会話に特有の親密感が生まれ、本音で話しやすくなったりします。

③電子メールによるカウンセリング

電子メールのやりとりで行うカウンセリングです。文章を書くことで相談者が自分の考えや思いを整理し、自分に都合のよいタイミングで送ることができます。一方でカウンセラーからの回答が届くまでに時間がかかるので、その間に相談者の気持ちや状況が変わったり、相談者とカウンセラーで文章の解釈に齟齬が生じたりする可能性もあります。

④オンライン・カウンセリング

　ウェブカメラとマイクを用い、インターネットでカウンセリングを受けます。パソコンの画面上で相手の顔や表情を見ながら行えます。時間や場所の自由度が高く、遠方の相手にも相談でき、病気やケガで移動が困難な場合にも活用できます。インターネットを用いるため、不慣れな人は個人情報の保護やセキュリティ、機器の取り扱いに注意が必要です。通信状況の不具合などでカウンセリングがスムーズに進まないこともあります。

▶ カウンセリングの受け方

　業務上の問題だけではなく私的な問題についてもカウンセリングを受けられます。事業場内の産業保健スタッフに相談するほか、事業場外の専門家のカウンセリングを利用することも可能で、スタッフから信頼している事業場外の専門機関を紹介してもらうことができます。たとえば、EAP（Employee Assistance Program：従業員支援プログラム→P161参照）機関と契約している企業では、対面や電話、オンラインでのカウンセリングを受けることができます。カウンセリングは、心の問題や私的な悩みの相談をしたりするため、**カウンセラーとの相性**が重要で、相性のよいカウンセラーとのカウンセリングでは、よりよい効果を得られます。また、友人などに話を聴いてもらうことで、問題が整理でき、ストレスをコントロールできるなら、無理に専門のカウンセリングを受ける必要はないでしょう。

4 同僚へのケア　　　　　　　　　　　　　3種

☑ これだけはおさえよう！

● 職場の同僚のサポートは、メンタルヘルス不調を未然に防いだり、円滑な人間関係が維持されたりする効果があり、働きやすい職場風土が形成される。

● メンタルヘルス不調の同僚が職場にいる場合は、職場の周囲の人たちが積極的に声をかけ、上司に心配な状況を伝えることが大切である。

▶ 同僚のケアの方法

　同僚をサポートする方法には、①話を聴く**情緒的サポート**、②仕事のアドバイスをする**情報的サポート**、③仕事を手伝うなどの**道具的サポート**、④仕事ぶ

りを評価する**評価的サポート**があります。

　同僚の不調が疑われる場合は、まず声をかけ、心配していることやサポートする意志があることを伝えます。そのとき、同僚の最近の様子（仕事のミスや効率の低下など）について指摘するのは避け、相手の立場に配慮してサポートすることが大切です。同僚と話をする場合は、時間に余裕をもち、相手が話しやすい場所を選びましょう。話を聴いて、専門的なサポートや業務上の配慮が必要な場合は、そのことを同僚に伝え、上司や専門家など関係者へ相談することを勧めます。

　また、同僚など身近な存在であっても、相手の変化から不調を判断するのは難しいため、図表5-14のような様子がみられたら、まず声をかけるようにしましょう。

図表5-15　同僚のメンタルヘルス不調のサインと不調になりやすい時期

サインの種類	具体的な不調のサイン	メンタルヘルス不調になりやすい時期
仕事上のサイン	●作業能率が低下し、ミスが目立つ ●与えられた職務を果たせないことが増える ●集中できず、離席が増える ●自信がなくなったという発言が増える ●遅刻や無断欠勤が目立つ。とりわけ月曜日や午前中、出勤時の体調不良や欠勤が増える ●残業が増える ●社内外でトラブルを起こす	<職場のストレス> ●長時間の残業が続いているとき ●社内外でトラブルが起こっているとき ●就職後1年以内（特に1～6ヵ月目） ●昇進・配置転換・出向・単身赴任後1～12ヵ月（多くは3～6ヵ月後） ●仕事内容や責任の変化後1～12ヵ月（多くは3～6ヵ月後）
態度上のサイン	●笑顔や会話が減り、表情が乏しくなる ●視線が合わなくなる ●不安になり、落ち着かなかったり、落ち込んだりする ●身だしなみが悪くなる ●長時間ぼんやりしていたり、眠そうに見えたりする ●突発的に予期せぬ行動をとる ●頭痛やじんま疹を訴える ●つきあいが悪くなる ●飲酒量や喫煙量が増える	<職場外のストレス> ●結婚、妊娠や出産、引っ越し、近親者の病気や死、経済状態などの変化後1～12ヵ月（多くは3～6ヵ月後） ※「昇進」や「結婚」「出産」といった一見喜ばしい出来事でもストレスが生じ、メンタルヘルス不調になる場合がある。

　上司と部下のような**縦方向**のコミュニケーションだけではなく、同僚との**横方向**のコミュニケーションがとれることで、サポートやケアにつながり、仕事も効率的に進めることができます。

4 不調者への 管理監督者の対応

1 管理監督者の役割と話の聴き方　　2種

☑ これだけはおさえよう！

● 管理監督者は、メンタルヘルス不調の相談者をしかるべき専門家へ早くつなぐことが期待される役割である。

● 傾聴の仕方は、相手に対する関心と相手を大切にする気持ちをもって、相手の言葉だけではなく感情も含めて汲み取ろうとする姿勢が必要である。

● 安易なアドバイスを避け、必要に応じて人事労務管理スタッフや産業保健スタッフと連携することが重要である。

▶ 管理監督者に求められる役割

　管理監督者が部下の相談にのる際は、最も安全で効果的な解決策を選択します。そのためには、以下の2点が重要です。
① 相談内容の正確な把握
② 問題解決のための資源・人材の有効活用
　また、管理監督者は、メンタルヘルス不調の相談にいつまでも1人だけで対応せず、産業保健スタッフに相談する、速やかに専門家につなぐ、医療などへの橋わたしの役割も期待されています。

▶ 傾聴のポイント

　傾聴には、相手に対する関心と相手を大切にする気持ちをもち、言葉だけでなく感情も含めて汲み取ろうとする姿勢が大切です。

① 他人に聞かれない場所で、ゆっくりと話せる環境を設定する。
② 適当な時間（1時間程度）で結論を出すか、日時を改めて話を聴く。

③注意や説教・説得を早く言いすぎずに相手の言葉で自由に語らせ、相槌を打ち、わかったことはわかったと伝え、わからないことは質問する。
④相手の発言と言外の意味、言葉の背景にある感情、言葉以外の表現（表情、態度、声の調子など）にも注意する。
⑤相手が隠そうとしている感情を暴き出して指摘することは避ける。

また、アメリカの臨床心理学者カール・ロジャース博士が「**アクティブリスニング**」を提唱しています。相手の言わんとすることを相手の身になって真剣に聴く「**傾聴姿勢**」のことで、悩みを抱える部下の話を聴く際にはこのアクティブリスニングが効果的です。

▶ 相談を受けた際の留意点

管理監督者が部下の相談にのる際は、次の点に留意します。

①相談者に好き嫌いの感情など先入観をもたず、できるだけ中立性を保つ。
②周囲から客観的な情報を集め、客観的情報と主観的情報に切り分け、対話を重ねていく。
③管理監督者自身の価値観や人生観から離れて自由であること。
④安易な批判や忠告をせず、「わからないこと」を1つずつ確認し、伝えるべきことは伝えて対話をしていく。

▶ アドバイスの仕方

相談者から相談を受け、どうすればいいのか聞かれたとき、自分の価値観で断定的な回答をせずに、わからないことには正直に「わからない」と答えたほうが誠実です。その際は以下の点に留意して回答します。

①相談者が判断を下すうえで参考となる情報を伝えたり、情報を得るための方法を伝えたりする。
②自分の考えを押しつけるような断定的な言い方を避け、「こんなやり方もある」という言い方をする。

相談者が依存的な態度で、自分で判断せずに他人にまかせようとしている場

合は、信頼関係のある相手なら、自分のこと（生き方）には自分で責任をもつことを助言するのも大切です。

また、精神医学の専門家ではない管理監督者が病気や治療に関して、安易に自分の意見（薬に頼らないほうがいい、気のもちようだ、根性が足りない等）を助言すると、トラブルになる場合もあります。

近年、新型うつ病や発達障害などのケースでは、職場にそぐわない言動によって周囲とトラブルになることがありますが、感情的な対応は避けましょう。病気や障害の診断を受けている場合は、医師の診断や指示を尊重して、冷静な態度をとります。本人の要求に対しては、例外扱いや特別扱いを避け、**一貫した態度**で臨みます。

② 専門家につなげる　　2種

☑ これだけはおさえよう！

● メンタルヘルス不調の兆候がみられる従業員を産業保健スタッフや専門医に相談させないでいると、管理監督者や企業の安全配慮義務違反を問われることもある。

● メンタルヘルス不調と思われる理由で正常な労務の提供に支障がある場合は、治療の必要性を説明し、原則として治療につなげる。

● メンタルヘルス不調と思われる部下への対応が困難な場合は、産業保健スタッフや家族との連携が大切である。

▶ 受診を勧める必要性

メンタルヘルス不調者を早期に発見し、産業保健スタッフや専門家の診断・治療につなげることが管理監督者の役割ですが、そのことに抵抗を感じる管理監督者も多いようです。それには、次のような理由があります。

①部下がメンタルヘルス不調ではないかと疑うことに、一種の罪悪感や後ろめたさを感じる。

②専門家などに相談に行くように勧めることで、部下から頼りないなどと思われたくない。

③不調者本人に産業保健スタッフや専門医への相談を勧め、強い反発や抵抗を受けることがある。

メンタルヘルス不調の疑いがあるにもかかわらず、産業保健スタッフや専門医に相談をさせないで治療が遅れると、本人や周囲の人のつらい時間が長びくだけではなく、自殺などの事故につながる危険が高まり、管理監督者や企業の**安全配慮義務違反**が問われます。したがって、本人が治療を望まない場合でも、労務の提供に支障があり、それがメンタルヘルス不調が理由だと思われる場合は、**治療の必要性**を十分に説明することで治療につなげる必要があります。

▶ 産業保健スタッフや家族との連携

　管理監督者がメンタルヘルス不調と思われる部下から相談を受けたとき、自分では対応が難しいと判断した場合は、産業保健スタッフとの連携を図ります。産業保健スタッフや専門家のもとへ部下本人に相談に行ってもらいますが、本人が拒否するなどして難しければ、管理監督者が相談に行って、どう対応したらよいのか助言を得るようにします。

　また、職場の業務に影響があったり、本人の健康状態が心配であるにもかかわらず、本人が受診を拒否する場合は、家族に本人の状態を理解してもらい、受診を説得してもらうなど、家族と連携することが重要です。なお、家族からも本人の受診に同意が得られない場合は、人事労務管理スタッフや産業保健スタッフを交えて検討します。

＜事業場外資源との連携＞
●医療機関：精神科・メンタルヘルス科、メンタルクリニック、心療内科
●地方自治体の窓口：精神保健福祉センター、保健所
●独立行政法人労働者健康安全機構の設置する機関：産業保健総合支援センター、地域窓口

③ メンタルヘルス不調の危機対応　2種

☑ これだけはおさえよう！

●自殺のサインがみられる場合には、1日でも（1時間でも）早く専門医に受診させ、本人を1人にしない。

●幻覚妄想状態の本人を入院させるには、医療保護入院などの法的措置がある。

自殺の防止

　自殺者の多くがうつ病であることから、以下のサイン（兆候）が現れた場合は、一刻も早く専門医を受診させ、その間、**1人にしない**ことが重要です。職場から1人で帰宅させず、本人に付き添って送ったり、家族に職場まで迎えに来てもらったりするのがよいでしょう。また、診察にあたる医師には、自殺の危険があり受診させたことを伝えるようにします。**自殺のサイン**がある場合は、本人の了解がなくても、メンタルヘルス不調についての個人情報を、必要な関係者に伝えてもよいとされています。

自殺の危険を感じる兆候

● 「死にたい」「自分なんかいなくなったほうがいい」「生きていても仕方がない」などと言う。
● 「頭がパニックになった」「何も考えられない」「どうしたらいいのかわからない」などと強い困惑状態を示す。
● 「会社を辞めるしかない」などと追いつめられた現状を深刻に訴える。
● 自殺未遂をした（その直後も繰り返すことが多い）。
● 行方不明になった（死に場所を求めてさまよっていることが多い）。

幻覚妄想状態の対応

　幻覚妄想状態では正常な判断力を失っていて、事故を起こす危険性も高いため、専門医への受診が必要です。本人の病識が低く、受診が困難な場合もありますが、本人に、健康状態を心配していることを伝え、受診を説得します。本人が受診を拒否する場合は、家族に状況を説明し、受診の必要性を理解してもらって、受診を勧めてもらいます。

　入院の必要性が生じることもありますが、本人が治療や入院を拒否している場合は、家族等の同意が必要であることが法律（精神保健福祉法）で規定されています。家族がいない場合や協力が得られない場合は、本人の居住する地域の**保健所**に相談します。

図表5-16　入院に関する法的措置の例

医療保護入院	精神保健指定医が入院の必要があると判断したときは、本人の同意が得られなくても家族等の同意で入院させることができる。
措置入院	自分や他人を傷つけるおそれがある場合は、2名以上の精神保健指定医が必要と判断すれば、都道府県知事（または政令指定都市の市長）の権限で、家族の同意がなくても入院させることができる。

躁状態の対応

　躁状態とは、うつ病とは逆に、気分が高揚し活動性が高まる状態です。職場で相手かまわず激しく批判する、暴言を吐く、非常識な提案をする、などのトラブルが生じる可能性があります。躁状態は数週間から数ヵ月続き、周囲が注意をしても問題行動を改めないので、**服薬を中心とした治療**が必要です。しかし、自分から受診しようとしない場合が少なくありません。受診が本人のためであることを説明しても納得が得られない場合は、**家族の責任**で受診させます。職場で深刻なトラブルを繰り返し、勤務に耐えられないと判断した場合は、家族と主治医に状況を伝え、**休業（入院）の検討**を依頼します。家族や親類の協力が得られない場合は、本人の居住する地域の**保健所**に相談します。躁状態がいったん改善しても、うつ状態や躁状態を再び呈する場合があるので、その兆候がみられたら、家族や主治医と連携して治療が受けられるようにします。

図表5-17　躁状態の主な症状

症状	具体例
気分の高揚	●多幸感　●陽気
開放的・社交的	●知らない人にも気軽に話しかける
易怒性	●ささいなことで激しく怒る
睡眠欲求の減退	●睡眠時間が短くなり、眠らなくても平気になる
会話心迫	●多弁　●大声　●早口　●話が止まらない
観念奔逸・注意散漫	●興味の対象が次々に移り、話が飛ぶ　●注意力が散漫になる
見境のない熱中	●夜中や早朝に電話をかける ●現実味のない目標を立てて熱中する
楽天的・軽率な判断	●ギャンブルや高価なものに浪費する ●逸脱した行動や危険な行動をとる

Check!		
☐☐☐	1	ジョハリの窓の「盲点領域」は、部下自身は知っているが、上司が知らない領域で、部下から話してもらうために、上司は日頃から声をかけることが大切である。
☐☐☐	2	アメリカのFestingerは、業務遂行で使われる道具的コミュニケーションは、頻度が多いほど、人間関係の形成・維持・向上・緊張解消に効果的であるといっている。
☐☐☐	3	コンピュータコミュニケーションでは、対面コミュニケーションに比べて、私的自己意識が高く、他人に見られているという意識が薄れ、感情に素直になりやすい傾向がある。
☐☐☐	4	生体が危険で有害な事態に遭遇した際、その危険から身を守るために、心身に防御反応が生じる。覚醒水準も高まり、戦闘態勢に入るために瞳孔が小さくなる。
☐☐☐	5	相談にのる場合は、相談者に関心を向け、相談者を正しい方向に導く方法を探し、相談者の成長を促す。温かく見守り、継続して定期的な相談を行うことが必須である。
☐☐☐	6	新型うつ病や発達障害などの場合は、職場でふさわしくないと思える言動・要求や、怠けていたり、やる気がないようにみえたりすることもあるが、病気や障害の診断を受けている場合は、例外扱いや特別扱いは避けるべきである。
☐☐☐	7	自殺のサインがみられた場合、基本対応として、本人を1人にしないで早く専門医を受診させ、本人の同意を得て、診察に当たる医師や家族にも伝えることが、自殺を防止することにつながる。
☐☐☐	8	幻覚妄想状態であり、入院の必要性が生じたが、本人が入院を拒否する場合は、家族等の同意がなくても、精神保健福祉法に則って、措置入院をさせることができる。
☐☐☐	9	相談にのるうえでの留意点として、相談を受ける側が先入観をもたず、可能な限り相談者の立場に立って、誠実に話を聴くことが求められる。

正解&ポイント解説

→のページは、本テキスト内の参照ページを示します。

不適切。「盲点領域」は、部下自身が知らず、上司が知っている領域。部下自身は知っているが、上司が知らない領域は「隠蔽領域」である。 →P129参照	✕
不適切。日常的なコミュニケーションの多くは道具的なもので、自己充足的コミュニケーションは頻度が少なくても、対人関係の調整上重要な役割を演ずるといわれており、人間関係の形成・維持・向上・緊張解消などの効果をもつ。 →P130参照	✕
適切。私的自己意識は、自分の感情や動機など、本人のみが体験し得る自己意識の側面に関して、自分自身がとらえている自分の内面的な部分に対する意識で、メールやチャットなどは、相手がより主観的で感情に正直になっている状態と認識しておく必要がある。 →P132参照	○
不適切。活動が高まり、交感神経系の働きが活発になると、瞳孔が開き、気管支が太くなり、消化活動を抑制する。 →P134参照	✕
不適切。相談者が問題の解決策に気づいた時点で、いったん関係を終了させるべきである。 →P140参照	✕
適切。病気や障害の診断を受けているのなら、医師等の診断や指示を尊重して、感情的な対応を避け、合理的な対応をすべきである。例外や特別扱いを避け、一貫した態度で臨むべきである。 →146参照	○
不適切。メンタルヘルス不調に関わる個人情報は、本人の同意が必要だが、自殺のサインが認められる場合は自殺を防止するために、本人の了解が得られなくても必要な関係者にはしかるべき情報を伝えることが必要。 →P148参照	✕
不適切。本人が入院を拒否しているケースで入院させる場合は、家族等の同意が必要であることが精神保健福祉法により規定されている(医療保護入院)。 →P148参照	✕
不適切。相談者の内容を正確に把握するためには、相談を受ける側が先入観をもたず、可能な限り中立性を保つ。 →P145参照	✕

Check!		
☐☐	ジョハリの窓	他者との人間関係に影響する自己を、開放領域、盲点領域、隠蔽領域、未知領域の4つに分けて考える方法。「開放領域」が広いと、上司と部下は相互に自由に話し合える関係となる。
☑☐	返報性（互恵性）の法則	人から何かをしてもらったときには、もらったものと同じものを返さなければならないという心理が働きやすい。
☐☐	アクティブリスニング	アメリカの臨床心理学者であるカール・ロジャース博士が提唱した、相手の言わんとすることを、相手の身になって真剣に聴く「傾聴姿勢」のこと。
☑☐	汎適応症候群	生体がストレッサーにさらされ続けたとき、そのストレッサーの種類にかかわらず共通して起こる生理反応のことをハンス・セリエは「汎適応症候群」と名づけた。警告反応期、抵抗期、疲憊期と移行する。
☑☐	いつもと違う様子	部下を外部の基準に照らし合わせて「違い」をみつけることではなく、他のスタッフと比較した「違い」をとらえることでもなく、部下自身の特徴をおさえて時系列的な変化をとらえること。
☑☐	疾病性	症状や病名などの医学的な判断。
☑☐	事例性	本人や周囲が困って治療を求める具体的な事実。
☑☐	幻覚妄想状態	幻覚とは、実際には存在しないものが聞こえたり見えたり臭ったり感じたりすること。妄想とは、誤った考えを確信すること。
☑☐	措置入院	精神保健福祉法第29条に定める、精神障害者の入院形態の1つ。2名以上の精神保健指定医が診察に当たり、入院させなければ自傷他害のおそれがある場合に、都道府県知事（または政令指定都市の市長）の権限と責任において精神科病院に強制入院となる。
☑☐	躁状態	病的なまでに気分が高揚して、開放的になったり怒りっぽくなったりした状態。部下や同僚だけでなく上司や顧客ともトラブルを起こすなど問題行動が目立つが、本人はむしろ気分爽快で何も困っていないため、医療につなげるのは困難を極める。うつ状態と躁状態とが交代でみられる双極性障害（躁うつ病）の病状の1つとして現れる。

第 **6** 章

MENTAL HEALTH ♥ MANAGEMENT

社内外支援の活用と連携

出題傾向

　事業場内資源では、それぞれの職務や法的な選任要件がよく出題されます。事業場外資源では、各種公的機関の名称と役割との対応関係の理解が問われます。また、医療機関の知識として、診療科と疾患の関係や治療の実際などについても理解しておきましょう。

① 事業場内資源とその役割

1 事業場内産業保健スタッフ

2種 3種

☑ これだけはおさえよう！

●産業医、保健師、衛生管理者等を「事業場内産業保健スタッフ」という。

●常時50人以上の労働者を使用する事業場では、産業医の選任義務がある。

●常時50人以上の労働者を使用する事業場では、衛生管理者を選任しなければならない。

 産業医

　労働安全衛生法に基づき、「**常時50人以上の労働者を使用する事業場**」には**産業医**を、「**常時1,000人以上の労働者を使用する場合**」（一部の**有害業務**がある場合は500人以上）には**専属産業医**を選任しなければなりません。産業医のメンタルヘルス対策における職務内容は、労働安全衛生規則第14条で以下のとおり規定されています。

①健康診断の実施およびその結果に基づく労働者の健康を保持するための措置に関すること

②面接指導並びに必要な措置の実施並びにこれらの結果に基づく労働者の健康を保持するための措置に関すること

③心理的な負担の程度を把握するための検査の実施並びに面接指導の実施及びその結果に基づく労働者の健康を保持するための措置に関すること

④作業環境の維持管理に関すること

⑤作業の管理に関すること

⑥労働者の健康管理に関すること

⑦健康教育、健康相談その他労働者の健康の保持増進を図るための措置に関すること

⑧衛生教育に関すること

⑨労働者の健康障害の原因の調査および再発防止のための措置に関すること

その他、**職場巡視**も産業医の職務の1つです。2019年の労働安全衛生法改正では、産業医の権限が次のように強化されました。

- 事業者、あるいは総括安全衛生管理者に意見を述べること。
- 労働者の健康管理を実施するため、必要な情報を労働者から集めること。
- 労働者の健康確保のため、緊急の場合は労働者に必要な措置を指示すること。

産業医は、労働者の健康を守るためには事業者に対して、労働者の健康管理に必要な方策について**勧告**することができます。また、事業者は労働者の健康管理に必要な情報を産業医に提出する必要があります。なお、病名の診断は**主治医の役割**で、産業医は診断、治療は行いません。

厚生労働省が発表した「令和元年度定期健康診断結果」では、労働者の定期健康診断結果の有所見率は56.6%で、最も高い項目は血中脂質でした。

▶ 保健師

保健師の一般的な役割は、保健指導や健康相談、健康教育、疾病予防活動などです。メンタルヘルス対策では、以下の内容を担います。

①メンタルヘルス不調者の早期発見、フォローアップ、相談窓口

メンタルヘルス不調の疑いがある人の早期発見とフォローアップ、労働者や管理監督者の相談窓口としての役割などがあります。

②産業医との連携

メンタルヘルス不調が疑われる場合や病態が悪化している場合は、産業医に

相談したり、労働者を産業医との面談につなげたりします。

③人事労務管理スタッフ、管理監督者との連携

　管理監督者がメンタルヘルス不調者への対応に苦慮する場合、フォローアップをどのように行うかなど、細かくアドバイスや支援を行います。

④メンタルヘルス対策の企画・教育

　場合によっては、保健師がメンタルヘルス教育の実施や、メンタルヘルス対策の企画を行います。ストレスチェック実施者になることもあります。なお、安全衛生法上の選任義務はありません。

▶ 衛生管理者

　衛生管理者は、労働安全衛生法第12条では、「衛生に係る技術的事項を管理させなければならない」と規定され、労働安全衛生規則第7条では、**常時50人以上の労働者を使用する事業場**において選任しなければならないとしています。

　衛生管理者の役割は、次のとおりです。

　①産業医等の助言を踏まえたメンタルヘルス教育研修の企画と実施

　②職場環境の評価と改善

　③心の健康に関する相談ができる雰囲気や体制づくり

　④メンタルヘルス不調者の早期の気づき

　⑤関係各署との連携

　企業内に医療者がいない場合は、人事労務管理スタッフと連携し、必要に応じて事業場外資源との連絡調整にあたります。

図表6-1　事業場内産業保健スタッフの選任義務

産業医	常時50人以上の労働者を使用する事業場（常時1,000人以上の場合は専属産業医を選任）⇒選任しないと罰則あり
保健師	選任義務はなし
衛生管理者	常時50人以上の労働者を使用する事業場⇒選任しないと罰則あり

☑ これだけはおさえよう！

- ●「事業場内産業保健スタッフ」に、心の健康づくり専門スタッフおよび人事労務管理スタッフを加えて「事業場内産業保健スタッフ等」という。
- ●心の健康づくり専門スタッフとは、心理職および精神科医、心療内科医のことを指す。

▶ 人事労務管理スタッフ

人事労務管理スタッフの役割には以下の３つがあります。

①メンタルヘルス不調者の早期の気づき：時間外労働が多い部署で、メンタルヘルス不調が疑われる労働者がいないかを確認します。

②健康配慮義務を果たすための労務管理・人事管理：時間外労働が多い部署での時間管理の厳格化などの対策を行い、不調者には、業務の軽減や時間外労働の制限、配置転換などを行います。

③人事労務施策：キャリア形成や外部EAP（従業員支援プログラム→P161）機関との連携、労働時間等の労働条件の改善や適正配置など。キャリアへの不安解消のためのカウンセリングやキャリア形成の手助け、社員のモチベーションの向上や適切な人事考課を行います。

▶ その他の産業保健スタッフ

公認心理師（国家資格）、**臨床心理士**（日本臨床心理士資格認定協会の認定資格）、**産業カウンセラー**（日本産業カウンセラー協会の認定資格）、**THP**（Total Health promotion Plan：心とからだの健康づくり）における**心理相談担当者**などがこれにあたります。期待される役割は以下のとおりです。

①メンタルヘルス教育研修の企画・実施

②職場環境の評価と改善

③労働者および管理監督者からの専門的な相談対応や助言

専門的な立場で職場環境の評価を行い、産業医に対する助言、産業保健スタッフの教育や支援なども期待されています。企業によっては**精神科医**や**心療内科医**と契約するところもあります。

2種	3種
頻出度	頻出度
★★	★★

MENTAL HEALTH ♥ MANAGEMENT

② 事業場外資源とその役割

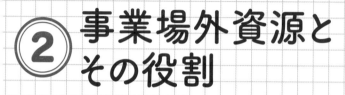

▶ 1 公共機関の相談窓口　[2種][3種]

☑ これだけはおさえよう！

● 労働衛生・産業衛生分野として相談できる行政機関には、労働基準監督署や労働局、保健所（保健センター）がある。

● 労働安全衛生分野の公的機関には、中央労働災害防止協会、産業保健総合支援センター、地域窓口（地域産業保健センター）などがある。

● メンタルヘルス対策の役割を担った公的機関には、精神保健福祉センター、勤労者メンタルヘルスセンター、地域障害者職業センターなどがある。

▶ 行政機関

　労働衛生・産業衛生分野として相談できる行政機関には、**労働基準監督署**や**労働局**があり、心の健康づくりやメンタルヘルス対策に関する情報発信・指導を行い、相談窓口などを設けているところもあります。また、市町村単位における保健活動の拠点機関として**保健所（保健センター）**があります。主に、地域住民の精神保健の相談や訪問指導を行い、メンタルヘルスで悩む本人や家族からの相談に対応するほか、受診を受けるにあたっての相談、アルコール問題や認知症などの相談、社会復帰相談など、その内容は多岐にわたっています。

▶ 労働安全衛生分野の公的機関

　労働安全衛生分野の公的機関には、**中央労働災害防止協会、産業保健総合支援センター、地域窓口（地域産業保健センター）**などがあります。

158

図表6-2　労働安全衛生分野の公的機関とその特徴

機関	特徴
中央労働災害防止協会	●労働災害防止団体法に基づき、設立された機関。事業主が自主的に労働災害防止活動を促進し労働災害を撲滅することを目的に、情報提供・意識向上運動・コンサルティング・研修などを実施する。 ●メンタルヘルス対策事業では、入門的支援、現状のチェック、心の健康づくり計画の支援、意識向上・方針策定、仕組みづくり、教育・研修、ストレスチェックとセルフケアの援助など、さまざまな支援を有償で実施している。
産業保健総合支援センター	●独立行政法人労働者健康安全機構によって、全国47都道府県に設置されている。 ●事業主などに対して職場の健康管理の啓発を行う産業保健スタッフ（産業医・保健師・衛生管理者など）を支援する機関。相談窓口には、メンタルヘルスやカウンセリングの専門家を配置している。
地域窓口（通称：地域産業保健センター）	小規模事業場（50人未満の事業場）とその従業員に対し、産業保健サービスを無料で提供している。

メンタルヘルス対策に関する公的機関

　メンタルヘルス対策の役割を担った機関には、精神保健福祉センター、勤労者メンタルヘルスセンター、地域障害者職業センターなどがあります。

図表6-3　メンタルヘルス対策に関する公的機関とその特徴

機関	特徴
一般社団法人いのち支える自殺対策推進センター	自殺対策について先進的な取り組みに関する情報の収集、整理および提供を行う。国内の自殺総合対策において、つなぎ目の役割を果たしている。地域の状況に応じた自殺対策の策定・実施、地方公共団体の職員、民間の団体の職員に対する助言・支援、研修を行っている。
精神保健福祉センター「こころ（心）の健康（総合）センター」	精神保健福祉法に基づき、精神保健福祉に関する総合的な技術センターという位置づけで、各都道府県と政令指定都市に設置（東京都のみ3ヵ所、他は1ヵ所）。精神保健、精神障害者の福祉に関する知識の普及、調査研究、相談、指導のうち、複雑または困難なものを行う。心の健康の保持と向上を目的とした広報普及活動、心の病をもつ人の自立と社会復帰のための指導と援助、地域の保健所や関係諸機関の職員を対象とする研修、連携や技術協力・援助などを行っている。

機関	特徴
勤労者メンタルヘルスセンター	労災病院の一部に設置されているメンタルヘルス専門センター。ストレス疾患患者の診療・相談、メンタルヘルスに関する研究、労働者や医療従事者などを対象とした講習・研修、ストレスドック・リラクセーション部門の開設業務を行っている。
地域障害者職業センター	精神障害で休職している労働者が職場復帰をする際に必要となる、ジョブコーチの派遣やリワーク（職場復帰支援：専門スタッフによって行われる復職の訓練やグループワーク）を実施。各都道府県に設置されており、支援内容は各センターで異なる。
こころの耳 https://kokoro.mhlw.go.jp/	厚生労働省のメンタルヘルスポータルサイト。こころの耳電話相談、こころの耳SNS相談、こころの耳メール相談を行う。こころの耳メール相談では、所定の訓練を受けた産業カウンセラーなどの相談員が、過重労働による健康障害やストレスチェック制度に関して、労働者や家族、人事労務担当者の相談窓口となっている。

2 民間機関への相談

☑ これだけはおさえよう！

● 健康保険組合では、各保険組合でサービスは異なるが、健康教育・健康相談・健診など予防に関わる業務を行うように努めることになっている。

● 外部EAP機関を利用することで、事業場内産業保健スタッフが不十分でも、メンタルヘルス体制整備が可能となる。

● その他の民間相談機関として、「いのちの電話」や「働く人の悩みホットライン」などがある。

健康保険組合

　健康保険法に基づき、被保険者や被扶養者の健康の保持増進のために必要な健康教育、健康相談、健康診査やメンタルヘルス不調の予防に関わる事業にも努めるよう規定されています。ただし、各健康保険組合によって、サービスは異なり、病院を設置している健保組合もあれば、メンタルヘルスの知識をもつ専門家による電話相談や面談を実施するところや、EAP機関と連携して実施するところもあります。

外部EAP機関

　EAPとは、Employee Assistance Program（従業員支援プログラム）の略称です。企業経営上の重要な問題（アルコール依存、薬物依存、家庭問題、経済問題、対人関係、ストレスなど）を多岐にわたって扱います。外部EAP機関の特徴は、**事業場のニーズに合った継続的・システム的な支援が提供できる**ことです。既存の専門医療機関と連携し、より専門性の高いメンタルヘルスサービスが提供できるほか、各従業員においても、外部機関とその相談窓口の利用は**個人情報の人事・処遇への影響懸念を払拭**できます。

　主な機能と役割は、以下のとおりです。

①労働者の心の健康問題に関する評価

②組織に対する職業性ストレスの評価・コンサルテーション

③労働者の抱える問題に対する適切な医療機関や相談機関への紹介とフォロー

④管理監督者や人事労務管理スタッフへの問題対処方法やEAPの適切な利用に関するコンサルテーション

⑤従業員やその家族、管理監督者、人事労務管理スタッフに対するメンタルヘルス教育、EAP利用方法の教育

⑥短期的カウンセリング

⑦健康問題を生じる可能性がある危機への介入

⑧EAP機関と連携する事業場内メンタルヘルス担当者の育成

⑨事業場内産業保健スタッフへのメンタルヘルス対策の教育

⑩EAPサービスの効果評価

その他の相談機関

　その他、以下の民間相談機関でもメンタルヘルス不調に関する相談対応を行っています。

●**いのちの電話**

　一般社団法人日本いのちの電話連盟が実施する電話相談です。多くの都道府県にセンターがあり、電話相談のほか、インターネット相談（一部）なども無料で実施しています。

●**働く人の悩みホットライン**

　一般社団法人日本産業カウンセラー協会が実施する無料電話相談です。

また、厚生労働省では、働く人のメンタルヘルスのための情報を「こころの耳」（→P160）というポータルサイトで発信するとともに、次のようなサイトでも情報発信しています。

●こころもメンテしよう〜若者を支えるメンタルヘルスサイト〜
（https://www.mhlw.go.jp/kokoro/youth/）

●厚生労働省自殺対策推進室支援情報検索サイト（https://shienjoho.go.jp）
相談窓口を検索し、支援情報が掲載されたサイトの情報を集めることができます。

●こころの情報サイト（https://kokoro.ncnp.go.jp/）
みんなのメンタルヘルス総合サイト（厚生労働省）の情報を2023年4月から掲載。国立研究開発法人国立精神・神経医療研究センター　精神保健研究所の各部からヒントになる情報が提供されています。

●KOKOROBOココロボ（https://www.kokorobo.jp/）
国立研究開発法人国立精神・神経医療研究センターが提供するオンラインによるメンタルヘルスケアシステムで、メンタル不調の予防と不調のある方への早期手当のほか、必要な方には医療への橋渡しを行います。

●厚生労働省　心のサポーター養成事業（https://cocoroaction.jp）
メンタルヘルスの基礎知識や聴く技術などを学ぶプログラム研修を受講した人を「心のサポーター」と呼び、心の不調で悩む人をサポートするため、さらには偏見のない暮らしやすい社会を作るため、2033年までに日本全国で100万人の「心のサポーター」の養成を目指しています。

社外資源と呼ばれるものには、公共機関や民間機関でどのようなものがあるのか確認しておきましょう。

3 専門相談機関とその役割

1 医療機関の利用　　2種 3種

☑ これだけはおさえよう！

- ●心身症を扱うのが「心療内科」であり、精神疾患を扱うのが「精神科」（精神神経科、神経科）である。
- ●「病院」とは、20人以上の患者を入院させるための施設を有するものをいい、「診療所（クリニック）」とは、入院施設を有しないか19人以下の患者を入院させるための施設を有するものをいう。
- ●メンタルヘルス不調の治療では、長期間の受診が必要になる場合が多いため、無理なく通院できる医療機関を選ぶことが重要である。

精神科・心療内科と疾患の関係

　メンタルヘルス不調で受診する場合、主に身体に現れる症状・疾患（心身症）を扱う科が**心療内科**、精神の症状・疾患（精神疾患）を扱う科が**精神科**となります（次ページ図表6-4参照）。しかし、うつ病の精神疾患は、身体症状が出た場合は心療内科でも治療されており、明確に線引きできない場合もあります。そのため、内科やその他の診療科を受診して異常がない場合や、改善が思わしくない場合には心療内科を選択し、不眠や気力・集中力の低下など精神的な症状が強い場合は精神科を選択すると考えるようにします。

医療機関の選び方

　医療法では、「病院」は20人以上の患者を入院させる施設を有し、「診療所」は患者を入院させるための施設を有しないか19人以下の患者を入院させるための施設を有するものをいいます（クリニックを含む）。なお、精神疾患の患者を入院させるには「精神病床」の許可が必要なため、総合病院の精神科であっ

図表6-4　診療科と疾患の関係

	内科・外科など	心療内科	精神科	神経内科
身体疾患	■	■		
心身症	■	■		
気分障害		■	■	
神経症性障害		■	■	
アルコール依存症		■	■	
統合失調症			■	
認知症			■	■
神経の病気			■	■
脳血管障害				■

ても必ず入院できるとは限らず、その場合は精神科病院に入院することになります。また、デイケアやリハビリテーションなどを実施する際には、専門スタッフ（精神保健福祉士、作業療法士、公認心理師など）が必要です。

　大学病院や総合病院では、同じ医師に診てもらうには曜日が決まっていたり、医師が転勤することもありますが、診療所やクリニックを開設している医師が主治医なら、その医師に継続して診てもらえます。**精神保健指定医**は、厚生労働大臣によって指定された国家資格の精神科医です。また、メンタルヘルス不調の治療では、基本的には長期間の受診が必要になることが多いため、医療機関を選ぶ際はこれらを考慮し、無理なく通院できる医療機関を選ぶことが重要です。

2 治療の実際　

☑ これだけはおさえよう！

- ●うつ病の治療方法は、第1が休養、第2が薬物療法で、さらに心理療法・精神療法などが用いられる。
- ●職場復帰にあたり、医療機関を中心にリワークプログラムが構築され、再発や再休職を防ぐ。

うつ病の治療の基本

うつ病の診断の際は、血液検査や調査票・心理テストの記入のほか、過去の病歴や治療の履歴、生活歴、家族や仕事の状況などをヒアリングし、面接や診察によって診断されます。

治療には、**休養**と**薬物療法**、さらに**心理療法**、**精神療法**などが用いられます。

①休養

うつ病の治療では、まずは休養をしっかりとり、心と身体にエネルギーを十分に蓄える必要があります。休養が必要な期間には個人差がありますが、焦りや不安からではなく、**自然に復職したい気持ち**になるまでというのが1つの目安になります。真面目で責任感が強い人の場合、休んで迷惑をかけてしまうことへの罪悪感や、居場所がなくなるかもしれないという不安から、十分に休養できないことがあります。管理監督者は部下の不安を取り除くために、今はしっかり休むことが重要な仕事であると伝え、安心して治療に専念できるようにサポートする必要があります。

②薬物療法

うつ病は、**脳が生理学的・機能的に不全状態**になる病気です。治療には脳内の神経伝達物質の働きを回復させる効果のある薬が必要で、**抗うつ薬**、**抗不安薬**、**睡眠剤**のほか、**抗精神病薬**が使われることがあります。

図表6-5　薬物療法に使われる薬剤とその特徴

薬剤の種類		薬の特徴
抗うつ薬 （脳内の神経伝達物質の働きを回復させる作用がある）	**SSRI** （選択的セロトニン再取り込み阻害薬）	☑副作用が少なく、軽度・中程度のうつ病の第1選択剤とされている。 ☑吐き気や食欲不振、下痢といった副作用が出ることがある。
	SNRI （セロトニン・ノルアドレナリン再取り込み阻害薬）	
	NaSSA （ノルアドレナリン作動性・特異的セロトニン作動性抗うつ薬）	☑副作用が少なく、軽度・中程度のうつ病の第1選択剤とされている。 ☑眠気や体重増加といった副作用が出ることがある。

薬剤の種類		薬の特徴
抗うつ薬 （脳内の神経伝達物質の働きを回復させる作用がある）	S-RIM （セロトニン受容体調節薬）	☑うつ病、うつ状態の落ち込みや不安を和らげる作用がある。副作用や効果がマイルド。
	SARI （セロトニン遮断再取り込み阻害薬）	☑うつ病、うつ状態の睡眠障害に。意欲を高めたり、憂うつな気分や不眠を改善する。
	三環系抗うつ薬 四環系抗うつ薬	☑副作用として、眠気、目のかすみ、口の渇き、動悸、便秘、排尿困難、立ちくらみなどがある。 ☑副作用は四環系よりも三環系のほうが強い。
	スルピリド	☑少量では抗うつ薬や潰瘍の治療薬、中等量から大量では抗精神病薬（統合失調症の治療薬）として使用される。
気分安定剤	リチウム 抗てんかん剤 非定型抗精神薬	☑気分の波を抑え、安定させる作用をもつ。 ☑双極性障害（うつと躁状態を繰り返す）や、抗うつ剤だけでは効かないうつ病に使用される。
抗不安薬		☑うつ病の不安や焦燥感を和らげる作用をもつ。 ☑不安が強い場合や抗うつ剤の効果が出てくるまでの期間、抗うつ薬の投薬初期などに抗うつ剤と併せて使用される。
睡眠剤		☑睡眠を起こす作用をもつ。 ☑うつ病でよくみられる睡眠障害（寝付きの悪さ、中途覚醒・早朝覚醒）を改善する。
抗精神病薬		☑精神症状（幻覚・妄想）をともなううつ病や、不安や焦燥感が前面に出て落ち着きなく動き回るうつ病などに使用される。 ☑一般的には統合失調症に使用されるが、抗うつ薬の効果を高める目的でも使用される。

③心理療法・精神療法

　話すことや聴くこと、治療する人との人間関係などを通して心にアプローチすることで不調を改善します。**認知行動療法**などが用いられ、これは考え方や受け止め方（認知）の歪みを直すための治療ですが、うつ病の状態によっては正しい判断が十分にできない場合もあるので、休養・薬物療法で症状が落ち着

いてから精神療法を行います。その他、**精神分析**、**自律訓練法**、**交流分析**、**家族療法**など、さまざまな治療法があります。

④その他の治療

　休養・薬物療法・心理療法と精神療法が治療の中心ですが、うつ病では病態に合わせて**電撃療法（電気けいれん療法）**、**磁気刺激療法**、**高照度光療法**、**断眠療法**などの治療法が用いられることもあります。

⑤外来治療

　当初1〜2週に一度の通院をしながら、まず薬物の調整をします。

⑥入院治療

　うつ病の治療では、次のような場合に入院が必要となります。

> ●自殺をするおそれがある（家族と同居していても防ぎきれない場合）
> ●重度のうつで、食事も十分にとれず、身体的管理が必要である
> ●焦燥感、不安感が強くて気持ちが不安定
> ●自傷他害のおそれが強く、社会的信頼を失うおそれがある
> ●1人暮らしで生活リズムを保つことが困難である
> ●飲酒行動に問題がある
> ●家にいると仕事が気になって休養とならない

⑦職場復帰について

　うつ病や不安障害は、休養と薬物療法だけでは復職が困難で、再発したり再休職になる場合もしばしばみられます。そこで、地域障害者職業センターや医療機関などでは、職場復帰を目的としたプログラムを構築し（**リワークプログラム**）、認知行動療法、作業療法、リハビリテーションなどを組み合わせて実施されるようになりました。復職後の就労継続期間を指標とした比較でも、リワークプログラムを受けた人たちの**予後が良好**であるとされます。

事業場外資源との連携

❶ 事業場外資源との連携の必要性

2種

☑ これだけはおさえよう！

- ●事業場外資源との連携は、事業場内にメンタルヘルス不調者が出た場合に限らず、事業場内でメンタルヘルス対策に取り組む際に、必ず必要となる。
- ●部下の様子がいつもと違う場合は、直接面談や社内外の資源での相談、EAP機関との契約がある場合は、契約窓口への相談を促す。
- ●主治医と連携するためには、本人の同意が必要になる。

　事業場内でメンタルヘルス対策に取り組むには、事業場外資源との連携が必須です。社外資源と連携が必要となる場合は以下のとおりです。

①メンタルヘルスに関する情報収集

　労働基準監督署、産業保健総合支援センター、中央労働災害防止協会、各地域の労働基準協会などから発信される情報は、事業所内で共有できるようにしておきます。

②メンタルヘルス教育の実施

　事業場内で行う教育の講師を地域の専門機関に依頼したりします。メンタルヘルスケアは、1回限りで終わらせず、連携先と継続して実施できるように計画していきます。

③職場環境の評価や改善

　「職業性ストレス簡易調査票」での調査などを実施し、問題がある場合は職場のストレス対策、環境改善を図ります。外部専門家、ストレスチェック実施機関やEAP機関などの協力を得るとよいでしょう。

④部下の不調の早期発見

　管理監督者は、日頃から部下の様子を観察し、業務の効率低下や普段と違う様子に気づいたときには、面談をしたり、産業保健スタッフや外部EAP機関への相談を勧めます。このような窓口がない場合は、精神科や心療内科の受診を勧め、部下が受診する際には上司が一緒に行くこともあります。

⑤治療過程での主治医との連携

　治療の際に管理監督者が主治医と連携するためには、基本的には**本人の同意**が必要です。本人の同意を得たうえで、本人を交え管理監督者が主治医と会うなどして情報を共有します。

2 事業場外資源との連携の留意点　2種

☑ これだけはおさえよう！

●外部の機関と連携をとる際、連携窓口を一本化しておく。

●事業場内の連携、本人への統一した対応を保つために、情報内容は文書として保存し、継続する担当を決めておく。

　事業場外の機関と連携する場合は、**連携窓口を一本化**することが大切です。事例においてスタッフがそれぞれに医療機関に関わると、医療機関の負担となるだけではなく、**情報の解釈にズレ**が生じることもあります。そのため、事業場内部の連携を確立し、専門機関との**連携を継続**して行う担当者を決めます。また、状況に応じた連携が必要ですが、本人への統一した対応を保つためにも、情報は**文書として保管**しておきます。

Check!

☐☐☑	1	労働安全衛生法に基づき、常時労働者が100人以上いる場合は、事業者は産業医を選任しなければならない。
☐☐☑	2	産業医の役割は、メンタルヘルスに関する病態のアセスメントと業務遂行能力に関するアセスメントを適切に行うことであるが、ストレスチェックに関する面接・指導は含まれていない。
☐☐☐	3	保健師は、メンタルヘルス不調の診断はできないが、メンタルヘルス不調の疑いがある人の早期発見やメンタルヘルス不調者のフォローアップ、メンタルヘルス不調が疑われる場合や病態が悪化している場合などは、産業医と相談したり、産業医面談につなげたりする役割を果たす。
☐☐☑	4	産業保健総合支援センターでは、メンタルヘルス相談や産業保健サービスを無料で実施し、全国の労働基準監督署の単位ごとに設置されている。
☐☐☐	5	精神保健福祉センターは、精神保健福祉法に基づき、精神保健福祉に関する総合的な技術センターという位置づけで、各都道府県と政令指定都市にある。
☐☐☐	6	EAP機関の役割には、管理監督者や人事労務管理スタッフへの問題対処方法やEAPの適切な利用に関するコンサルテーションがある。
☐☐☐	7	うつ病の治療は、心療内科、精神科、神経内科で治療できる。
☑☐☐	8	医療法では、病院とは患者を入院させるための施設を有するものをいい、診療所とは患者を入院させるための施設を有しないものをいう。
☐☐☐	9	管理監督者が部下の不調に気づいた場合は、直接面談を行ったり、社内外の資源での相談を勧めたりするが、部下が医療を受診する際は、部下の負担を配慮し、上司が一緒に行くことは控えるべきである。

正解 & ポイント解説

➡のページは、本テキスト内の参照ページを示します。

不適切。正しくは50人以上。1,000人以上の場合は、専属の産業医を選任しなければならない。　　➡P154参照	×
不適切。産業医の役割として、ストレスチェック制度に基づく高ストレス者の面接・指導は含まれる。　　➡P154参照	×
適切。メンタルヘルス対策においては、メンタルヘルス不調者の早期発見、フォローアップ、相談窓口、産業医との連携、人事労務管理スタッフ、管理監督者との連携、メンタルヘルス対策の企画・教育、ストレスチェック制度の実施者などの役割が期待される。　　➡P155〜156参照	○
不適切。全国47都道府県に設置され、相談窓口ではメンタルヘルスやカウンセリングの専門家を配置して、職場のメンタルヘルスやカウンセリングの進め方などの事業場からの相談に対応している。　　➡P159参照	×
適切。精神保健福祉センターの業務は、精神保健および精神障害者の福祉に関する知識の普及を図り調査研究を行うこと、精神保健および精神障害者の福祉に関する相談及び指導のうち、複雑または困難なものを行う。　　➡P159参照	○
適切。労働者の心の健康問題に関する評価や組織に対する職業性ストレスの評価・コンサルテーション、適切な医療機関や相談機関への紹介とフォローなど多岐にわたる役割がある。　　➡P161参照	○
不適切。神経内科は、脳血管障害や神経の病気、認知症を専門に扱い、メンタルヘルス不調の治療は行わない。　　➡P163〜164参照	×
不適切。病院は20人以上の患者を入院させるための施設を有するものをいい、診療所とは患者を入院させるための施設を有しないか19人以下の患者を入院させるための施設を有するものをいう。　　➡P163参照	×
不適切。部下が受診する際に上司が一緒に行くことがある。周囲の者からの情報がより的確な診断に役立つこともある。　　➡P169参照	×

第6章 重要語句チェックシート

Check!		
☐☐ **産業医**	労働安全衛生法第13条第1項に基づき、常時50人以上の労働者を使用する事業場において選任義務がある。事業場において労働者が健康で快適な作業環境のもとで仕事が行えるよう、専門的立場から指導・助言を行う医師である。法的には診療行為は規定されていない。
☐☐ **保健師**	保健師助産師看護師法において、厚生労働大臣の免許を受け、保健師の名称を用いて、保健指導に従事することを業とする者。産業医のように選任義務はないが、メンタルヘルス対策においては重要な役割を果たす。
☐☐ **衛生管理者**	労働安全衛生規則第7条により、常時50人以上の労働者を使用する事業場において選任しなければならない（衛生推進者は、常時10～50人未満の従業員を雇用する事業場が対象）。労働安全衛生法第12条により、衛生に係る技術的事項を管理しなければならない。
☐☐ **臨床心理士**	公益財団法人日本臨床心理士資格認定協会が認定する心理職。指定された臨床心理学の大学院を修了してから受験し、資格を取得する。臨床心理学の知識・技術を用いての心の問題を扱う専門家。なお、ストレスチェック実施者資格はない。
☐☐ **公認心理師**	「心理に関する支援を要する者の心理状態の観察・分析」「心理に関する支援を要する者との心理相談による助言・指導」「心理に関する支援を要する者の関係者との心理相談による助言・指導」「メンタルヘルスの知識普及のための教育・情報提供」を行う、公認心理師法を根拠とする日本の心理職の国家資格。
☐☐ **産業カウンセラー**	一般社団法人日本産業カウンセラー協会が認定する民間資格。心理的問題の解決援助を行う。なお、ストレスチェック実施者資格はない。
☐☐ **心理相談担当者**	トータルヘルスプロモーションプラン（THP）を推進する6種類の人材のうちの1つ。職場のメンタルヘルス対策に必要な知識、心身両面に配慮した健康づくりについて理解し、働く人のストレスに対する援助や指導・相談対応を行う。
☐☐ **精神科医**	日本精神神経学会が専門医・認定制度を行っている。精神疾患の診療を専門としている医師。
☐☐ **心療内科医**	日本心身医学会が専門医・認定制度を行っている。心身症の診療を専門としている医師。
☐☐ **外部EAP機関**	従業員支援プログラム（EAP：Employee Assistance Program）とは、事業場において従業員（労働者）へ提供される、仕事の業績に関わるような個人的問題に対しての福利厚生ケアを企業に提供する機関である。

第 **7** 章

MENTAL HEALTH ♥ MANAGEMENT

復職者への支援の方法

出題傾向

　職場復帰支援に関しては、各ステップの内容や対応のポイントを理解することが大切です。そのなかでも、職場復帰の可否の判断を問う問題がよく出題されます。労働者から職場復帰可能の診断書が提出されてから、管理監督者として取るべき対応について整理しておきましょう。また、労働者が治療と職業生活の両立を図る「両立支援」についても理解しておきましょう。

① 職場復帰支援の方法

① 職場復帰支援の基本的な考え方と流れ 2種 3種

☑ これだけはおさえよう！

● 精神疾患の場合、復職後の職場のケアが再発防止のための重要なポイントとなる。

● 「職場復帰支援の手引き」を参考にしながら、個々の事業場のもつ人的資源やその他の実態に即した形で、職場復帰支援プログラムやルールを策定するよう求められている。

▶ 職場復帰支援プログラムの必要性

精神疾患による休職は、病気への不安のほか、症状が改善して職場に戻れるのか、病気と休職のせいでリストラ対象にならないかといった懸念を労働者に抱かせます。また、元の状態に回復して職場復帰するケースは、あまり多くありません。労働者の不安を解消し、再発を防止するためにも、管理監督者による**職場環境の調整**が重要です。ただし、管理監督者の意向だけで実施せず、職場復帰支援に関するプログラムやルールを作成し、労働者に周知するとともに、これに基づいて**公平な態度**で対応する必要があります。人事労務管理スタッフや産業保健スタッフと連携して**心理的支援**を実施し、**職場環境の改善**を図ります。

▶ 職場復帰支援の基本的な流れ

厚生労働省から、2004年10月に「**心の健康問題により休業した労働者の職場復帰支援の手引き**」（以下「職場復帰支援の手引き」）が発表されています（2012年7月改訂）。各事業場の人的資源やその他の実態に見合った形で、**職場復帰支援プログラム（プラン）やルール**を策定することが求められており、職場復帰支援の流れとして5つのステップが示されています（図表7-1参照）。

図表7-1　職場復帰支援の流れ

＜第1ステップ＞ **病気休業開始および** **休業中のケア**	●労働者から管理監督者へ病気休業診断書を提出 ●管理監督者、事業場内産業保健スタッフなどによるケア ●情報提供など、労働者が安心して療養に専念できるための支援
＜第2ステップ＞ **主治医による** **職場復帰可能の判断**	●労働者からの職場復帰の意思表示および主治医による職場復帰可能の 　診断書の提出 ●産業医等による精査　●主治医への情報提供、主治医による意見の提出
＜第3ステップ＞ **職場復帰の可否の判断と** **職場復帰支援プランの作成**	●情報の収集と評価　●職場復帰の可否についての判断 ●職場復帰支援プランの作成
＜第4ステップ＞ **最終的な職場復帰の決定**	●労働者の状態の最終確認　●就業上の配慮等に関する意見書の作成 ●事業者による最終的な職場復帰の決定　●その他
職場復帰	
＜第5ステップ＞ **職場復帰後の** **フォローアップ**	●疾患の再燃・再発、新しい問題の発生等の有無の確認 ●勤務状況及び業務遂行能力の評価　●職場復帰支援プランの実施状況の確認 ●治療状況の確認　●職場復帰支援プランの評価と見直し ●職場環境等の改善等　●管理監督者、同僚等への配慮

出所：厚生労働省「心の健康問題により休業した労働者の職場復帰支援の手引き」をもとに作成

この5つのステップは個々に独立しているわけではないので、実際には、事業場の実態に見合うように、複数のステップを組み合わせたりアレンジしたりしながら実施します。

2 職場復帰支援プログラムの5つのステップと対応のポイント 2種

☑ これだけはおさえよう！

●うつ状態の労働者から辞職や役職の辞退などの申出がある場合は、まずは安心して療養に専念するよう働きかける。

●労働者から職場復帰の希望があったら、職場復帰可能とする主治医の診断書（復職診断書）を提出するように伝える。

●職場復帰の可否は、労働者の病状の評価だけではなく、職場環境の評価との組み合わせで判断されるべきである。

●職場復帰の可否に関する最終的な意思決定は、事業者もしくはその代行としての人事労務部門の責任者が行う。

●精神疾患の再発を防げないケースもあるため、復職後のフォローアップが重要である。

⬛▶ 第1ステップ　病気休業開始および休業中のケア

　職場復帰支援は、主治医から復職診断書が出されるのを待たずに、**休業が判断された時点**からスタートするのが望ましく、開始時期は人事労務管理スタッフや産業保健スタッフにも連絡するようにします。休業中のケアは、管理監督者だけで行わず、産業保健スタッフと連携して実施しましょう。休業中の労働者に連絡する頻度や内容は、労働者の**病状やその他の状況に応じて判断**し、**労働者の了解を得たうえで主治医と連携**を図るようにします。**傷病手当金制度**など、本人に必要な情報を適宜伝えて、本人が安心して療養に専念できるように働きかけを行うことが重要です。辞職や役職の辞退などの申出があっても、**健康状態が回復してから判断すればよい**ことだと伝えて療養に専念させます。

⬛▶ 第2ステップ　主治医による職場復帰可能の判断

　休業と治療により症状が改善し、労働者から職場復帰の希望が出たら、まずは主治医の診断書（復職診断書）を提出するように伝えます。また、診断書には症状だけではなく、**就業上の配慮事項**についても具体的に記載してもらうことを伝えましょう。並行して、**職場復帰支援のための面接日程**を関係者間で調整しておきます。

⬛▶ 第3ステップ　職場復帰の可否の判断と職場復帰支援プランの作成

　主治医による復職診断書では、労働者の症状を中心とした判断となるため、職場環境への適応能力や業務遂行能力については十分に考慮されていなかったり、労働者の早く職場に復帰したいという思いが強く反映されていたりすることがあります。したがって、主治医による診断書だけで労働者の**職場復帰の可否**を判断せず、労働者、管理監督者、人事労務管理スタッフ、産業保健スタッフなど、関係者が連携し十分に情報交換を行ったうえで、労働者の**病状の評価**と、**職場環境の評価との組み合わせで判断**します。

　職場復帰が可能と判断されたら、管理監督者、産業保健スタッフなどが協力して職場復帰支援のための具体的なプランを作成し、それぞれの段階ごとに内容や担当者の役割を定めます。

　「職場復帰支援の手引き」には、職場復帰可否の判断基準（業務遂行能力面）の例として、次のような評価項目が挙げられています。

①労働者が職場復帰に対して十分な意欲を示し、通勤時間帯に１人で安全に通勤ができること

②会社が設定している勤務日に勤務時間の就労が継続して可能であること

③業務に必要な作業（読書、コンピュータ作業、軽度の運動等）をこなすことができること

④作業等による疲労が翌日までに十分回復していること

⑤適切な睡眠覚醒リズムが整っていること

⑥昼間の眠気がないこと

⑦業務遂行に必要な注意力・集中力が回復していること

　規則正しい睡眠覚醒リズムの回復が職場復帰には重要な条件となるため、復職前にリワークプログラム利用を推奨したり、図書館などで連日一定時間自習することが可能か否か自ら試してみるよう勧める事業所もあります。

図表7-2　職場復帰可否を判断するために収集する情報

①労働者の職場復帰に対する意思の確認
　a 労働者の職場復帰の意思及び就業意欲の確認
　b 職場復帰支援プログラムについての説明と同意

②産業医等による主治医からの意見収集

③労働者の状態等の評価
　a 治療状況および病状の回復状況の確認　　b 業務遂行能力についての評価
　c 今後の就業に関する労働者の考え　　　　d 家族からの情報

④職場環境等の評価
　a 業務および職場との適合性　　　b 作業管理や作業環境管理に関する評価
　c 職場側による支援準備状況

⑤その他
　a その他の必要事項　　　b 治療に関する問題点
　c 本人の行動特性　　　　d 家族の支援状況
　e 職場復帰の阻害要因等

出所：厚生労働省「改訂　心の健康問題により休業した労働者の職場復帰支援の手引き」をもとに作成
H3102_職場復帰支援の手引き＋.indd (mhlw.go.jp)

▶ 第４ステップ　最終的な職場復帰の決定

職場復帰可能の判断と職場復帰支援プランの内容は、**正式な文書や産業医に**

よる意見書として取りまとめ、職場復帰支援プランの段階や状況に応じて適宜更新し、最終的な職場復帰の判断は**事業者**が行います。就業上の配慮に関わる内容は、労働者を通じて主治医にも伝えるようにしましょう。

第5ステップ　職場復帰後のフォローアップ

メンタルヘルス不調者の中には、**再発**を予防できない場合もあります。このため、職場復帰支援では**復職後のフォローアップ**は非常に重要です。フォローアップでは、管理監督者が、治療の状況、症状の**再燃**の有無、勤務状況や業務遂行能力といった図表7-3のような項目をチェックし、問題が発生している場合には、**できる限り早く対応**することが重要です。

図表7-3　復職後のフォローアップのチェック項目

①**疾患の再燃・再発、新しい問題の発生等の有無の確認**
　疾患の再燃・再発については、早期の気づきと迅速な対応が不可欠。

②**勤務状況及び業務遂行能力の評価**
　労働者の意見だけではなく、管理監督者からの意見も合わせて客観的な評価を行う。

③**職場復帰支援プランの実施状況の確認**
　職場復帰支援プランが計画通りに実施されているかを確認する。

④**治療状況の確認**
　労働者を通して、通院状況、病状や今後の見通しについての主治医の意見を聞く。

⑤**職場復帰支援プランの評価と見直し**
　さまざまな視点から評価を行い、問題が生じている場合は、関係者間で連携しながら、職場復帰支援プランの内容の変更を検討する。

⑥**職場環境等の改善等**
　職場復帰する労働者がよりストレスを感じることの少ない職場づくりを目指して、作業の環境・方法や、労働時間・人事労務管理など、職場環境等の評価と改善を検討する。

⑦**管理監督者、同僚等への配慮**
　職場復帰をする労働者を受け入れる職場の管理監督者や同僚等に、過度の負担がかかることのないよう配慮する。

出所：厚生労働省「改訂 心の健康問題により休業した労働者の職場復帰支援の手引き」をもとに作成

② 職場復帰支援における留意事項

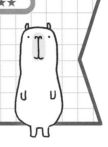

1 管理監督者の配慮 2種

☑ これだけはおさえよう！

- 職場復帰支援の情報は、復職サポートと事業者の安全（健康）配慮義務の履行を目的としたものに限定されるべきである。
- 管理監督者は、最初から100%でがんばろうとしなくてよいことや、いつでも相談にのることなどを労働者に伝える。
- 中小規模事業場においては、管理監督者は、人事労務管理スタッフや衛生管理者と連携しながら、必要に応じて事業場外資源のサポートを求める。

▶ プライバシーの保護

　労働者の個人情報は、原則として常に本人の同意を得て扱うように配慮します。職場復帰の可否の判断を待つ労働者は、情報提供などを拒むことで、職場復帰が認められないのではという不安を抱きます。職場復帰支援への同意は労働者が不利な立場に置かれないよう十分に配慮し、特にプライバシーに関わる情報については、その用途を復職サポートと事業者の安全（健康）配慮義務の履行に限定するべきです。健康情報は、産業医が選任されている事業場では産業医が管理し、産業医が選任されていない事業場では、厳密なルールを策定し、取り扱っていく必要があります。

▶ 職場復帰する労働者への心理的支援

　多くの労働者にとってメンタルヘルス不調による休業は、働くことへの自信喪失につながります。管理監督者は、必要に応じて声をかけ、最初から元気だった頃のイメージで100%でがんばろうとしなくてよいこと、何かあったらいつでも相談にのることなどを伝え、十分にコミュニケーションをとっていくよ

179

うにします。

　疾病による休業は、労働者自身が**キャリアデザインや労働観を見直す**とともに、症状の再燃や再発を予防するだけではなく、**自己の健康管理や生活**について見つめ直す機会にもなります。

🏴 中小規模事業場での外部機関との連携

　中小規模事業場では、社内における人材確保が難しい場合、管理監督者は人事労務管理スタッフや衛生管理者、衛生推進者と連携しながら、**事業場外資源のサポート**を利用する必要があります。具体的には、産業保健総合支援センターや地域窓口（地域産業保健センター）、中央労働災害防止協会、労災病院勤労者メンタルヘルスセンター、精神保健福祉センター、保健所、地域障害者職業センターなどが挙げられます。医療機関や精神保健福祉センター、外部EAP機関、NPO団体（民間非営利組織）では、うつ病患者などを対象にした復職のためのリハビリテーションプログラムなどを実施しているので、それらを上手に活用することも大切です。

復職サポートの際は、必要に応じて産業保健総合支援センターや地域窓口（地域産業保健センター）などの事業場外資源の活用も検討しましょう。

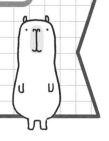

③ 治療と仕事の両立支援

① 両立支援の進め方　2種

☑ これだけはおさえよう！

● 治療と仕事生活の両立は、労働安全衛生法では具体的に規定されていないが、健康確保対策の一環として位置づけられている。

● 厚生労働省から「事業場における治療と仕事の両立支援のためのガイドライン」（2019年改訂により名称変更）が示されており、「両立支援」とは、事業場が、治療と職業生活が両立できるように支援する取り組みのことをいう。

● 両立支援に際しては、就労によって、疾病の増悪・再発や労働災害が生じないよう、適切な就業上の措置や治療に対する配慮を行うことが前提となる。

▶ 両立支援のガイドライン

　労働安全衛生法では、「治療と職業生活の両立」を健康確保対策の一環として位置づけています。2012年8月8日の「治療と職業生活の両立等の支援に関する検討会報告書」では「『治療と職業生活の両立』とは、病気を抱えながらも、働く意欲・能力のある労働者が、仕事を理由として治療機会を逃すことなく、また、治療の必要性を理由として職業生活の継続を妨げられることなく、適切な治療を受けながら、生き生きと就労を続けられることである」と定義し、これを推進するため、厚生労働省は2016年に、「事業場における治療と職業生活の両立支援のためのガイドライン」を公表しました（2017年〜2022年改訂）。ガイドラインの対象は、**事業者、人事労務管理スタッフ**および**産業医や保健師、看護師などの産業保健スタッフ**ですが、**労働者本人や家族、医療機関の関係者**をはじめ、支援に関わる方も活用可能です。また、ガイドラインが対象とする疾病は、がん、脳卒中、心疾患、糖尿病、肝炎やその他の難病など、**反復・継続して治療が必要な疾病**で、短期で治癒する疾患は対象外です。

両立支援の留意事項

治療と仕事の両立支援を行うにあたっての留意事項は以下のとおりです。

図表7-4　両立支援を行うにあたっての留意事項

安全と健康の確保	就労によって、疾病の増悪、再発や労働災害が生じないよう、就業場所の変更、作業の転換、労働時間の短縮、深夜業の回数の減少などの適切な就業上の措置や治療に対する配慮を行うことが就業の前提。仕事の繁忙などを理由に必要な就業上の措置や配慮を行わないことがあってはならない。
労働者本人による取り組み	疾病を抱える労働者本人が、主治医の指示などに基づき、治療を受けること、服薬すること、適切な生活習慣を守ることなど、治療や疾病の増悪防止について適切に取り組むことが重要である。
労働者本人の申出	●治療と仕事の両立支援は、私傷病である疾病に関わるものであることから、労働者本人から支援を求める申出がなされたことを端緒に取り組むことが基本。 ●本人からの申出が円滑に行われるよう、事業場内ルールの作成と周知、労働者や管理職に対する研修による意識啓発、相談窓口や情報の取り扱い方法の明確化など、申出が行いやすい環境を整備することも重要。
治療と仕事の両立支援の特徴を踏まえた対応	両立支援の対象者は入院や通院、療養のための時間の確保が必要となるだけでなく、疾病の症状や治療の副作用、障害などによって、労働者の業務遂行能力が一時的に低下する場合がある。このため、育児や介護と仕事の両立支援と異なり、時間的制約に対する配慮だけでなく、労働者本人の健康状態や業務遂行能力も踏まえた就業上の措置が必要。
個別事例の特性に応じた配慮	症状や治療方法は個人ごとに大きく異なるため、取るべき対応やその時期なども個人ごとに異なるものであり、個別事例の特性に応じた配慮が必要。
対象者、対応方法の明確化	事業場の状況に応じて、事業場内ルールを労使の理解を得て制定するなど、治療と仕事の両立支援の対象者、対応方法などを明確にしておくことが必要。
個人情報の保護	●両立支援を行うためには、症状、治療の状況などの疾病に関する情報が必要となるが、これらの情報は機微な個人情報である。労働安全衛生法に基づく健康診断において把握した場合を除いては、事業者は個人の同意なく取得してはならない。 ●事業者が把握した健康情報については、取り扱う者の範囲や第三者への漏洩防止も含めた適切な情報管理体制の整備が必要。
両立支援に関わる関係者間の連携の重要性	●労働者本人以外にも、以下の関係者が必要に応じて連携することで、適切な両立支援の実施が可能となる。 ①事業場の関係者（事業者、人事労務担当者、上司・同僚、労働組合、産業医、保健師、看護師ほか産業保健スタッフなど） ②医療機関関係者（医師（主治医）、看護師、医療ソーシャルワーカーなど） ③地域で事業者や労働者を支援する関係機関・関係者（産業保健総合支援センター、労災病院に併設する治療就労両立支援センター、保健所（保健師）、社会保険労務士など） ●労働者と直接連絡が取れない場合は、労働者の家族らと連携して、必要な情報の収集などを行う場合がある。

> ● 特に医療機関との連携が重要であり、本人を通じた主治医との情報共有や、労働者の同意のもとでの産業医、保健師、看護師などの産業保健スタッフや人事労務担当者と主治医の連携が必要。

出所：厚生労働省「事業場における治療と仕事の両立支援のためのガイドライン」をもとに作成

　厚生労働省の「治療と仕事の両立支援ナビ」（https://chiryoutoshigoto. mhlw.go.jp/）は、治療しながら働く人を応援する情報ポータルサイトで、両立支援の取り組み事例や両立支援コーディネーター養成研修など、詳しい情報が確認できます。

両立支援の進め方

　両立支援は、次のような流れで進めます。

①労働者が支援に必要な情報を収集して事業者に提出
　労働者からの情報が不十分な場合、産業医など、または人事労務担当者が、労働者からの同意を得たうえで主治医から情報を収集する。

②事業者が産業医などに対して収集した情報を提供
　事業者は就業継続の可否、就業上の措置および治療に対する配慮に関する産業医の意見を聴取する。

③事業者が主治医および産業医などの意見を勘案し、就業継続の可否を判断

④事業者が労働者の就業継続が可能と判断した場合
　事業者は労働者の就業上の措置および治療に対する配慮の内容・実施時期などを検討・決定し、実施する。

⑤事業者が労働者の長期の休業が必要と判断した場合
　事業者が労働者の休業開始前の対応・休業中のフォローアップを行うとともに、主治医や産業医などの意見、本人の意向、復帰予定の部署の意見を総合的に勘案し、職場復帰の可否を判断したうえで、職場復帰後の就業上の措置および治療に対する配慮の内容や実施事項などを検討・決定し、実施する。

出所：厚生労働省「事業場における治療と仕事の両立支援のためのガイドライン」をもとに作成

理解度チェックテスト

第7章

次の各文を読み、適切なものは〇、不適切なものは✕と答えなさい。

Check!		
☐☐☐	**1**	精神的な病気で休職した労働者は、病気の不安のほかに、もとの職場に戻れるか、リストラの対象になるのではないかといった大きな不安を抱えているため、管理監督者は特別の配慮をする必要がある。
☑☑☑	**2**	「心の健康問題により休業した労働者の職場復帰支援の手引き」が厚生労働省から発表されているが、事業者はこれを参考にしながら、衛生委員会などにおいて個々の事業場のもつ人的資源やその他の実態に即した形で、職場復帰支援プログラムやルールを策定するよう求められている。
☑☑☑	**3**	休業中の労働者への連絡の頻度や内容に関しては、労働者の精神面の負担を配慮し、当面は、連絡をとらないようにすることが望ましい。
☐☐☐	**4**	うつ状態で休職中の労働者から辞職や役職の辞退などの申出があれば、負担を軽減するために、希望に沿うよう努める。
☑☑☑	**5**	復職に関する労働者の情報は、プライバシーに深く関わる個人情報であるため、原則として常に本人の同意を得たうえで取り扱うよう配慮しなければならない。
☐☐☐	**6**	復職のためのリワークプログラムは、復職後、計画的に進められることが望ましい。
☑☑☑	**7**	職場復帰支援は、第1ステップとして、主治医から復職診断書が出されてから、開始することが望ましい。
☐☐☐	**8**	職場復帰可能の判断は、職場復帰プランや再発防止策がまとめられ、産業医によって、最終的な職場復帰の判断が行われる。
☐☐☐	**9**	「事業場における治療と仕事の両立支援のためのガイドライン」によると、近年の働き手の事情を勘案し、短期に治癒する疾患や長期的に治療する疾患の両方が両立支援の対象とされている。

不適切。管理監督者は、職場復帰支援において重要な役割を果たす。職場復帰支援に関するプログラムやルールを策定し、これに基づいて公平な態度で行動しなければならない。　　　　　　　　➡P174参照	✕
適切。2004年10月に「心の健康問題により休業した労働者の職場復帰支援の手引き」が厚生労働省から発表され、2012年7月に改訂されている。　　　　　　　　　　　　　　　　　　　➡P174参照	〇
不適切。労働者の病状やその他の状況によって判断されるべきであり、必要な場合には労働者の了解を得たうえで産業保健スタッフを中心に主治医との連携を図り、休業中のケアについて主治医の意見を聴くことも考慮すべきである。　　　　　　　　　　　　　　　　　➡P176参照	✕
不適切。健康状態が回復してから判断すればよいことであり、まずは安心して療養に専念するように働きかけることが大切である。　　➡P176参照	✕
適切。職場復帰支援における同意については労働者が不利な立場に置かれないように配慮する必要がある。　　　　　　　　　　➡P179参照	〇
不適切。リワークプログラムは、復職前に実施される。　　➡P177参照	✕
不適切。第1ステップとして、休業の診断がなされた時点から開始されることが望ましい。　　　　　　　　　　　　　　　➡P176参照	✕
不適切。職場復帰可能の判断および職場復帰支援プランの内容は、正式な文書や産業医による意見書に取りまとめられ、それをもとに、事業者によって、最終的な職場復帰の判断が行われる。　　　　　➡P177〜178参照	✕
不適切。ガイドラインが対象とする疾病は、がん、脳卒中、心疾患、糖尿病、肝炎、その他の難病など、反復・継続して治療が必要となる疾病であり、短期で治癒する疾病は対象としていない。　　　　　　➡P181〜182参照	✕

第**7**章 復職者への支援の方法

185

第7章 重要語句チェックシート

Check!		
☐☐	**心の健康問題により休業した労働者の職場復帰支援の手引き**（復帰支援の手引き）	心の健康問題により休業した労働者の職場復帰支援のための事業者マニュアルで、産業保健スタッフ、人事労務スタッフ、管理監督者などが連携して取り組むための手順をまとめたもの（厚生労働省が2004年に公表し、2012年に改訂）。職場復帰に関しては、医学的に業務に復帰するのに問題がない程度に回復した労働者を対象としている。
☐☐	**職場復帰支援プログラム**	個々の事業場における職場復帰支援の手順、内容および関係者の役割などについて、事業場の実態に即した形であらかじめ当該事業場において定めたもの。
☐☐	**リワークプログラム**	リワークとは、うつ病などの精神面の不調から休職した人の職場復帰を支援するリハビリのためのプログラム。それぞれの体調やキャリアプランに合わせたさまざまなプログラムがある。地域障害者職業センターや医療機関で実施されている。
☐☐	**職場復帰支援プラン**	職場復帰する労働者について、労働者ごとに具体的な職場復帰日、管理監督者の従業上の配慮および人事労務管理上の対応の内容を、当該労働者の状況を踏まえて定めたもの。
☐☐	**復職判定委員会**	休業した従業員の復職にあたって、復職の適切な判定並びに円滑な職場復帰を目標として設置し、職場復帰の可否の判断、職場復帰支援プランの作成、復職後の支援などの業務を行う。※
☑☑	**試し出勤制度**	復職の意向を申し出た従業員に対し、通勤訓練を行い、本来の職場などに試験的に一定期間継続して出勤する試し出勤を行う制度。原則として、もとの職場で行うものとし、産業医が必要と認める範囲において、労働時間の短縮、仕事上の配慮など、本来の業務からの軽減を行うことができる。※
☑☑	**フォローアップ面談**	復職後、会社は当該労働者に対して、定期的に産業医による面談を行う。内容は疾病の再燃・再発や新しい問題の発生の有無の確認、勤務状況および業務遂行能力の確認、職場復帰支援プランの実施状況の確認、治療状況の確認など。
☑☑	**再発**	一時的または長い期間引き続いて消失していた疾病が、再び悪化したり出現したりすること。完全には治っていなかったものが悪くなること。
☑☑	**再燃**	症状が軽くなったり進行が止まっていたりした病気が、再び出現もしくは悪化すること。
☑☑	**治療と仕事の両立支援**	事業場が、がん、脳卒中などの疾病を抱える方々に対して、適切な就業上の措置や治療に対する配慮を行い、治療と仕事が両立できるように支援すること。ガイドラインでは、反復・継続して治療が必要となる疾病であり、短期で治癒する疾病は対象としていない。

※厚生労働省「改訂 心の健康問題により休業した労働者の職場復帰支援の手引き」参照

メンタルヘルス・マネジメント検定試験
模擬試験

2種（ラインケアコース）

問　題　用　紙

> メンタルヘルス・マネジメント検定試験では、公式テキストⅡ種ラインケアコース（編：大阪商工会議所）を理解したうえで応用問題も出題されます。そのため、この模擬試験の問題・解答も、一部、本テキストに掲載のない応用問題を出題していますが、試験対策としてご活用ください。

※模擬試験では各設問に解答欄を設けていますが、実際のメンタルヘルス・マネジメント検定試験は、マークシート方式となっています。

制限時間2時間

第1問 次の［1］〜[10]の設問に答えなさい。

第1問［1］ 労働者のストレスの現状に関する次の記述のうち、最も適切なものを1つ選びなさい。

① 「労働安全衛生調査」（厚生労働省、2018年）によると、ストレスの原因は、男性は「仕事の質・量」「仕事の失敗、責任の発生等」の順であるが、女性は、「仕事の質・量」「対人関係（セクハラ・パワハラを含む）」の順となった。
② 「労働安全衛生調査」（厚生労働省、2018年）によると、「仕事や職業生活に関することで、強いストレスとなっていると感じる事柄がある」と回答した労働者は58.9％であった。
③ 「日本人の意識調査」（NHK放送文化研究所、2018年）によると、仕事と余暇に関する考え方は、1970年から80年代にかけて大きく変化し、「仕事志向」と「仕事・余暇の両立志向」の割合がともに増加した。
④ メンタルヘルスに関する調査（公益財団法人日本生産性本部、2019年）では、過去3年間で企業内の「心の病」が増加傾向にあると回答し、「心の病」が多い年齢層は、10歳代〜20歳代に次いで30歳代となっている。

解答

第1問［2］ 安全配慮義務と労働安全衛生法に関する次の記述のうち、最も不適切なものを1つ選びなさい。

① 労働安全衛生法は、最低の労働条件基準を定める取り締まり法規であって、これに違反した場合は、一定の範囲で刑事罰の対象となる。
② 労働契約法では「職場における労働者の安全と健康を確保するとともに快適な職場環境の形成に配慮するもの」と規定されている。
③ 企業が労働安全衛生法上の諸規定を遵守していても、安全配慮義務違反として民事上の損害賠償責任を問われる可能性がある。
④ 安全配慮義務を負担するのは、企業であるが、実際にこの義務を履行するのは管理監督者である。

解答

第1問[3] 労災に関する次の記述のうち、最も適切なものを1つ選びなさい。

① 労災が発生した場合の企業（使用者）の災害補償責任として療養補償給付、休業補償給付、障害補償給付、遺族補償給付、葬祭料の支払いを企業に義務づけている。

② 労災保険法において保険給付が行われるためには、医学的見地をもとに、医師が「業務遂行性」と「業務起因性」をもとに判断し、認定が行われる。

③ セクハラやパワハラなど職場におけるハラスメントに起因する精神障害の発症は、「心理的負荷による精神障害の認定基準」では判断されない。

④ 労災保険法に基づく保険給付がなされた場合でも、民事上の損害賠償請求訴訟においては、相殺の対象とならない。

解答 ☐

第1問[4] メンタルヘルスケアに関する次の記述のうち、最も<u>不適切なもの</u>を1つ選びなさい。

① メンタルヘルス不調を未然に防止するための取り組みとして「セルフケア」「ラインによるケア」「事業場内産業保健スタッフ等によるケア」「事業場外資源によるケア」の4つのメンタルヘルスケアが継続的かつ計画的に行われるようにする。

② メンタルヘルスケアを推進するにあたっての留意点として、「心の健康問題の特性」「労働者の個人情報の保護への配慮」「産業保健スタッフとの関係」「家庭・個人生活などの職場以外の問題」がある。

③ 事業者は、メンタルヘルス不調の未然防止を図る観点から職場環境等の改善に積極的に取り組む必要がある。

④ メンタルヘルス不調またはその疑いのある場合は、管理監督者は産業医などの事業場内産業保健スタッフ等や人事労務管理スタッフに報告のうえ、対応について協議し、または指示を受けることが重要である。

解答 ☐

第1問〔5〕 長時間労働に対する面接指導についての次の記述のうち、最も不適切なものを1つ選びなさい。

① 時間外労働時間が80時間を超え100時間以下の労働者への面接指導は、申出を行った者には面接を行うが、医師の面接指導に従わないなどの違反行為があった場合は、罰則が科される。

② 高度プロフェッショナル制度適用者に対して、申出を行った労働者への面接指導は努力義務である。

③ 事業者は、面接指導の結果に基づいた医師の意見を聴き、必要な労働者に対して当該労働者の実情を考慮して事後措置を講ずることが求められている。

④ 長時間労働に対する面接指導は、脳・心臓疾患や精神障害等の発症の予防をする二次予防である。

解答	

第1問〔6〕 過重労働による健康障害防止のための総合対策について、次の文章の〔　〕に当てはまる語句の組み合わせとして、最も適切なものを1つ選びなさい。

　長時間にわたる過重な労働は、疲労の蓄積をもたらす最も重要な要因と考えられ、さらに〔　A　〕の発症との関連性が強いという医学的見地が得られています。したがって、労働者が〔　B　〕を回復することができないような長時間にわたる過重労働を排除していくとともに、労働者に疲労の蓄積を生じさせないようにするために、労働者の〔　C　〕に関わる措置を適切に実施することが重要です。この総合対策は、過重労働による労働者の健康障害を防止することを目的として事業者が講ずべき措置を定めたものです。

① （A）脳・心臓疾患　　（B）精神面　　（C）健康障害
② （A）精神疾患　　　　（B）精神面　　（C）健康管理
③ （A）脳・心臓疾患　　（B）疲労　　　（C）健康管理
④ （A）精神疾患　　　　（B）疲労　　　（C）健康障害

解答	

第1問［7］ 労働基準法第36条に規定されている時間外・休日労働の主なポイントについて、次の記述のうち、最も**不適切なもの**を1つ選びなさい。

① 使用者は、時間外・休日労働に関する労使協定（36協定）を交わし、所轄労働基準監督署に届け出た場合は、協定の範囲内で時間外・休日労働を行わせることができる。

② 36協定における限度時間（通常予見される範囲）は、1ヵ月について45時間以内および1年について360時間以内とする。

③ 通常予見できない臨時的な必要がある場合は、36協定において1ヵ月について80時間未満（年間6ヵ月以内）、1年について720時間以内とする。

④ 長時間にわたる時間外・休日労働は、所定の要件を満たさなければ罰則が科される。

解答

第1問［8］ 事業者がメンタルヘルスケアに取り組む意義に関する次の記述のうち、最も**不適切なもの**を1つ選びなさい。

① 企業が安全配慮義務に違反し、従業員に損害を与えた場合は、企業に民事上の損害賠償責任が生じる。

② 従業員がメンタルヘルスを悪化させると、集中力や判断力の低下を招き、思わぬ事故やミスにつながる。

③ ワーク・ライフ・バランスの実現により、仕事とプライベートの両面の充実が図れる。

④ 仕事を減らすなど労働負荷を軽減すれば、コストがかかり生産性も低下すると健康職場モデルで示されている。

解答

第1問［9］　メンタルヘルスケアの方針と計画、実施、評価に関する次の記述のうち、最も適切なものを1つ選びなさい。

① メンタルヘルスケアに関する方針を事業者が表明するかどうかは、各企業の実情に照らし合わせて決める。
② 心の健康づくり計画書は、実施要領を集めたマニュアルに基づき作成される。
③ 実施された計画は、一定期間ごとにどの程度達成されたかを、常に検証する必要がある。
④ 心の健康づくり計画において、ストレスチェック制度の位置づけを明確にすることが義務となっている。

解答　　　　　　

第1問［10］　管理監督者の役割に関する次の記述のうち、最も適切なものを1つ選びなさい。

① 「労働者の心の健康の保持増進のための指針」では、管理監督者による職場環境等の改善と個々の労働者に対する相談対応の両面から推進することを求めている。
② 部下の特徴（パーソナリティ・能力・健康状況）までは把握できないため、話を聴くことに徹する。
③ 管理監督者は、人事労務に関する知識や組織論の知識、ストレスマネジメントの知識、マネジメント能力、人間関係調整能力（リーダーシップ）までの幅広い知識までは求められていない。
④ 上司である管理監督者が、部下の話を聴くことは、部下の心の健康問題によい影響を与えることから、できる限り管理監督者だけで対応することが望ましい。

解答

第2問 次の［1］〜［4］の設問に答えなさい。

第2問［1］ ストレスによる健康障害のメカニズムに関する次の記述のうち、最も適切なものを1つ選びなさい。

① ストレス反応が長く続き、悪化して、うつ状態やうつ病になる場合、不眠や不安、イライラなどの精神症状に引き続き、倦怠感や疲れがとれないなど身体症状が出る。
② ストレッサーに直面したときに、これまでの経験や記憶に照らし合わせて、困難性や苦痛の程度が大脳皮質で評価される。
③ 交感神経系は、消化器の機能も調整しており、胃・十二指腸潰瘍のほか下痢や腹痛、便通異常をきたす過敏性腸症候群の発症に関連している。
④ ストレス時の心身の反応として、警告反応期には集中力、判断力の低下がみられる。

解答 ┌─────────┐ │   │ └─────────┘

第2問［2］ 米国立労働安全衛生研究所の職業性ストレスモデル（NIOSH）に関する次の記述のうち、最も適切なものを1つ選びなさい。

① 職業にともなうさまざまなストレッサーとストレッサーによって引き起こされるストレス反応と病気への進展を横軸に表し、縦軸には、緩衝要因である社会的支援のストレス緩和要因を表し構成されている。
② ストレスに対する個人の要因として、人間関係、対人責任性が含まれている。
③ ストレッサーが強い場合や長期にわたって持続して個人のストレス耐性の限界を超えたときに何らかの健康障害が発生する。
④ 職場のストレス反応や健康障害の発生を防ぐ緩衝要因として家族は含まれていない。

解答 ┌─────────┐ │   │ └─────────┘

第2問〔3〕　メンタルヘルス不調の症状や疾患に関する次の記述のうち、最も不適切なものを1つ選びなさい。

①　躁うつ病は、人口の0.5％前後にみられ、躁病では睡眠時間が減少しているにもかかわらず活動は高まり、抑制や配慮に欠ける言動の結果、尊大で横柄な態度となる。

②　一生のうち一度以上うつ病にかかったことのある人は7％前後とされており、憂うつな気分、不安感、おっくう感、全身倦怠感などが混在し、本人は気づきにくい。

③　適応障害は、発症ははっきりと確認できるストレス要因の発生から1〜3ヵ月以内であり、そのストレス要因、またはその結果が一度終結すると、症状の持続は6ヵ月を超えない。

④　パニック障害は、突然起こる不安発作が繰り返されて、このまま死んでしまうのではないかとおびえるほど強烈で、明確な治療法は確立していない。

解答　　　　　　　　　

第2問〔4〕　メンタルヘルス不調に関する次の記述のうち、最も適切なものを1つ選びなさい。

①　メンタルヘルス不調になる可能性を事前に察知することは医学的には可能である。

②　うつ病の病前性格は、以前から周囲への配慮が欠け、周囲とのコミュニケーション不足がみられる。

③　労働力の損失（DALYs）の原因の第1位は、精神疾患である。

④　メンタルヘルス不調は、個人の問題ではなく、職場というシステムの問題としてとらえ、職場環境の改善に取り組むことが重要である。

解答

第3問 次の［1］～［4］の設問に答えなさい。

第3問［1］ 職場環境に関する次のA～Dの記述のうち、正しいもの（〇）と
誤っているもの（×）の組み合わせとして、最も適切なものを1つ
選びなさい。

A. 世界保健機関（WHO）が世界各国の職場ストレス対策の成功例を集め
て分析した報告では、個人向けのアプローチの効果が一時的・限定的である
のに比べ、職場環境などの改善を通じた対策のほうがより効果があったとし
ている。

B. 「労働者の心の健康の保持増進のための指針」では、「職場のレイアウト」「作
業方法」「コミュニケーション」「職場組織」の改善などは、労働者の心の健
康の保持増進にそれほど効果はないとされている。

C. 医師による長時間労働者の面接指導結果報告を確認し、対処策を検討す
ることが管理監督者の役割である。

D. 仕事の役割や責任がはっきりしていない、従業員の自由度や裁量権がほと
んど与えられていないなどは、仕事のストレス要因となる作業内容および方
法である。

① （A）× （B）× （C）〇 （D）〇
② （A）× （B）〇 （C）× （D）〇
③ （A）〇 （B）× （C）〇 （D）×
④ （A）〇 （B）× （C）× （D）〇

解答

第3問[2]　職業性ストレス簡易調査票や仕事のストレス判定図に関する次の記述のうち、最も適切なものを1つ選びなさい。

① 仕事のストレス判定図では、「仕事の要求度―コントロール―サポートモデル」に基づいて、3つの要因（仕事の量的負担、コントロール、上司の支援）を取り上げ評価する。

② 職業性ストレス簡易調査票は、ストレス反応だけではなく、職場におけるストレス要因や修飾要因も同時に評価できるが、あらゆる業種で使用することは不可能である。

③ 仕事のストレス判定図の「総合健康リスク」は、標準集団の平均を100として表すと、数値が高いほど、職場の総合健康リスクが低い。

④ 新職業性ストレス簡易調査票では、仕事の負荷が健康にネガティブな影響を与えるというこれまでのモデルに加えて、仕事から得られる心理社会的資源について評価することができる。

解答

第3問[3]　職場環境改善のためのヒント集（メンタルヘルスアクションチェックリスト）に関する次の記述のうち、最も<u>不適切なもの</u>を1つ選びなさい。

① 労働者の参加のもとに、日本全国から職場のメンタルヘルスやストレス対策のために実施された職場環境等の改善事例を収集し、心理学、人間工学の研究者やメンタルヘルス対策の実務家による討議を経て、6つの領域30項目に集約・整理されている。

② 現場ですぐに、既存の資源を活用しながら、低コストで改善できる優先対策をチェックできる。

③ 従来のアクションチェックリストの合否判定は「危険個所点検リスト」や「確認テスト」など、一般のチェックリストを参考に作成されている。

④ 職場環境改善に有効なツールの共通点は、自分たちの職場に目を向け、良好事例に学ぶスタイルをつくり、具体的な働きやすさを目指し、実行して習うステップを踏む点である。

解答

第3問[4] 職場環境改善・評価に関する次の記述のうち、最も適切なものを1つ選びなさい。

① 管理監督者の職場環境改善は、「職場環境等の評価と問題点の把握」と、「職場環境等の改善」の2点の視点から、産業保健スタッフや人事労務管理スタッフと協力して進める。

② 産業医・産業保健スタッフは、職場上司および労働者からの聴き取り調査、ストレスに関する調査等により、職場内のストレス要因を把握し、評価することとされているが、職場巡視による観察までは求められていない。

③ 仕事に対する適切な評価や職場の将来計画と見通し、昇進、昇格、資格取得の機会を明確にし、チャンスを公平に確保することは、管理監督者の役割である。

④ アウトカム評価は、計画された改善提案がどの程度実施されたかを、改善実行レベルで評価する方法である。

解答	

次の［１］〜［12］の設問に答えなさい。

第４問［１］ 長時間労働に関する次の記述のうち、最も<u>不適切なもの</u>を１つ選びなさい。

① 労働時間については、労働基準法第32条の定めにより、１週間について40時間を超えて、労働させてはならないとされている。

② 労働者の過半数で組織する労働組合または労働者の過半数を代表する者と書面による協定を交わし、行政官庁に届け出た場合は、第32条の労働時間等に関する規定にかかわらず、その協定で定めるところによって、労働時間を延長し、または休日に労働させることができる。

③ 36（サブロク）協定で労働時間を自由に延長できるものではなく、厚生労働大臣が労働時間の延長の限度などを定めることができるとされている。

④ 2018年に労働基準法が改正され、36協定で定める時間外労働に、罰則付きの上限は設けられていない。

解答 □

第４問［２］ 「心理的負荷による精神障害の認定基準」（厚生労働省、2011年）における「特別な出来事」についてのＡ〜Ｄの記述のうち、正しいもの（〇）と誤っているもの（×）の組み合わせとして、最も適切なものを１つ選びなさい。

A. 自分に関係する仕事で多額の損失等が生じた。

B. 本人の意思を抑圧して行われたセクシュアルハラスメントを受けた。

C. 発病直前の１ヵ月におおむね160時間を超えるような時間外労働を行った。

D. 業務に関連し、他者を死亡させ、または生死にかかわる重大なケガを負わせた。

① (A) 〇 (B) × (C) 〇 (D) ×
② (A) 〇 (B) 〇 (C) × (D) 〇
③ (A) × (B) × (C) × (D) 〇
④ (A) × (B) 〇 (C) 〇 (D) 〇

解答 □

第4問〔3〕　メンタルヘルス不調を起こす要因に関する次の記述のうち、最も適切なものを1つ選びなさい。

① 昇進・昇格などの人事異動は、モチベーションが上がり、メンタルヘルス不調にはつながらない。
② 在宅勤務などのテレワークが増加し、勤務形態に変化があったことにより、労働者の働き方には時間の余裕ができ、メンタル不調になりにくくなった。
③ 単身で海外などの遠隔地で困難な業務を遂行したり、長期間、顧客先に常駐し、1人で業務を遂行したりする場合は、メンタルヘルス不調が発生する可能性がある。
④ 結婚、配偶者の出産などは、メンタルヘルス不調の誘因とはならない。

解答	

第4問〔4〕　管理監督者の部下への対応に関する次の記述のうち、最も<u>不適切なもの</u>を1つ選びなさい。

① 部下が休みがちになり、語気が強くなるなどの変化がみられたので、さりげなく様子を観察し、必要があれば声をかける。
② クレーム対応に追われている部下に対して注意深く観察し、しばしば声をかけて心身の健康状態を確認し、必要に応じて医師などによる健康状態のチェックを受けさせた。
③ 最近結婚し、引っ越しをした部下に対して、さりげなく心身の状態を確認し、無理のない範囲で注意を向けた。
④ 残業が増えている部下に対して、業務を進めるうえで助けになることがないかを確認し、可能な限り業務を軽減できるように対処した。

解答	

第4問［5］　ストレス対処の軽減方法に関する次の記述のうち、最も<u>不適切</u>
　　　　　　なものを1つ選びなさい。

① 　「休む」とは、身体の疲労を取り除き、エネルギーを充電することで、「養う」
　　とは、趣味や楽しみなどを通して、豊かで余裕のある心持ちにすることである。
② 　睡眠不足が長期にわたると、交感神経系優位が持続し、生活習慣病のリ
　　スクを高める。
③ 　交代制勤務などがあり、人間が本来もっている自然なリズムに反している
　　場合は、夜勤シフトに入る2日前から遅くまで起きておくようにし、遅く寝る。
④ 　運動により、コルチゾールなどの脳内物質が増え、うつ病などの精神疾患
　　の症状改善に期待ができる。

解答	

第4問［6］　リラクセーション法として広く利用されている自律訓練法の最
　　　　　　も正しい公式の順番を1つ選びなさい。

① 　背景公式（安静練習）→第1公式（重感練習）→第2公式（温感練習）
　　→消去動作
② 　消去動作→第1公式（安静練習）→第2公式（温感練習）→背景公式（安
　　静練習）
③ 　第1公式（安静練習）→第2公式（温感練習）→消去動作→背景公式（安
　　静練習）
④ 　背景公式（安静練習）→第1公式（温感練習）→第2公式（重感練習）
　　→消去動作

解答	

第4問［7］ 「過重労働による健康障害防止のための事業者が講ずべき措置」に関する次の記述のうち、最も<u>不適切なもの</u>を1つ選びなさい。

① 時間外・休日労働時間の削減
② 年次有給休暇の取得促進
③ 労働時間等の設定の改善
④ 配置転換の制限

解答 □

第4問［8］ 特定健診・特定保健指導に関する次のA～Dの記述のうち、正しいもの（○）と誤っているもの（×）の組み合わせとして、最も適切なものを1つ選びなさい。

A. 高齢化の急速な進展にともない、国民の疾病全体に占めるがん、虚血性心疾患、脳血管疾患、糖尿病などの生活習慣病の割合が増加し、死亡原因でも生活習慣病が約6割を占めている。
B. 高齢者医療確保法の施行によって、40～74歳の加入者を対象に特定健診および特定保健指導の実施が努力義務になった。
C. 事業者が行う健康診断は、労働者の健康を維持管理し適正に管理するためのもので、安全配慮義務を履行する一環として事業者に義務づけられている。
D. 特定健診の結果、特に所見のない労働者に対しては、動機づけ指導が行われる。

① (A) ○ (B) × (C) ○ (D) ×
② (A) × (B) ○ (C) ○ (D) ×
③ (A) × (B) ○ (C) × (D) ×
④ (A) ○ (B) ○ (C) ○ (D) ○

解答 □

第4問[9] ストレス対処のためのコーピングに関する次の記述のうち、最も適切なものを1つ選びなさい。

①　コーピングを大きく2つに分類すると、問題焦点型コーピングと認知修正型コーピングがある。

②　ストレッサーを取り除くことを目的とした問題焦点型コーピングが最もふさわしいといわれている。

③　ストレス対処に関心がない部下に対して、コーピングについての利点を数多く伝えて練習できる機会をもつように働きかける。

④　人づきあいが苦手な人を1人でできる作業に配置することは、かえってコーピングにはならない。

解答	

第4問[10] 労働者の適性に合わせた職場によるサポートなどに関する次の記述のうち、最も適切なものを1つ選びなさい。

①　新しい職場でバリバリ働く優秀な労働者に関しては、サポートの必要がないので、このまま見守る。

②　最近元気がなく、仕事が遅れがちになってきた部下に対しては、まず、受容と傾聴による情緒的サポートを与え、他者との協力で処理できる道具的サポートを提供することが望ましい。

③　繁忙期で残業が増えてきたところ、職場を休みがちになった部下に対しては、道具的サポートとして仕事を一緒に片づけることが必要である。

④　一般的に職務内容によって、営業分野では、業績に対しての評価的サポート、事務分野では、処理すべき事柄を整理し指示するなどの情報的サポートの必要性が高いと予想される。

解答	

第4問[11]　プライバシーへの配慮に関する次の記述のうち、最も**不適切な**ものを1つ選びなさい。

① 一般に労働者の健康情報は、客観的な評価が難しく、誤解や偏見が起きやすいため、厳格に保護されるべきである。

② 守秘義務について、医師は刑法、保健師・看護師は保健師助産師看護師法によって守秘義務および罰則が規定されており、健康診断の事務担当者にも、労働安全衛生法で健康診断に関する守秘義務の保持が定められている。

③ 産業保健専門職から非医療職に健康情報を提供する際は、誤解や偏見を生じないように情報を加工しないことが望ましい。

④ 2019年4月から施行された改正労働安全衛生法では、事業者は労働者の心身の状態に関する情報を適正に管理するために必要な措置を講じなければならないことが明記された。

解答　

第4問[12]　管理監督者自身のストレスとセルフケアに関する次の文章の[　　]に当てはまる語句の組み合わせとして、最も適切なものを1つ選びなさい。

[　ア　]では、管理監督者の役割は、ラインによるケアとなっているが、ストレス対策は、基本的にはセルフケアと同じである。管理監督者の年齢層では、さまざまな[　イ　]を経験する可能性が[　ウ　]なる。産業保健スタッフ等がラインへ教育を行う際には、管理監督者自身が強い[　エ　]にさらされていることにねぎらいの言葉をかけ、気兼ねなく相談するように伝えることが重要である。

① （ア）労働者の心の健康の保持増進のための指針
　　（イ）ライフイベント　（ウ）高く　（エ）ストレス要因
② （ア）過重労働による健康障害を防止するため事業者が講ずべき措置
　　（イ）ストレス反応　（ウ）低く　（エ）プレッシャー
③ （ア）労働者の心の健康の保持増進のための指針
　　（イ）喪失体験　（ウ）高く　（エ）プレッシャー
④ （ア）過重労働による健康障害を防止するため事業者が講ずべき措置
　　（イ）メンタルヘルス不調　（ウ）高く　（エ）ストレス要因

解答

第5問［1］ ジョハリの窓に関する次の文章の［　　　］に当てはまる語句の組み合わせとして、最も適切なものを1つ選びなさい。

　Aさんは、最近体調がすぐれず、職場でイライラしていると、上司から「疲れているのではないか」と声をかけられた。この段階でAさんの疲れているという情報はジョハリの窓の［　ア　］領域から［　イ　］領域に移行したといえる。一方Bさんは、最近業務に追われミスをしてしまったが、そのことを上司に言えないと思ったBさんの情報は［　ウ　］の領域になっている。もし、Bさんを観察していた上司も、Bさん自身も自分の状態に気づかなければ、Bさんの情報は［　エ　］領域になる。もし、上司がBさんに声をかけて、Bさんが黙っていた情報を上司と共有すると［　イ　］の領域に移行する。このように管理監督者の側からコミュニケーションを図っていくことで、部下の把握を容易にさせてくれる効果がある。

① （ア）盲点　（イ）開放　（ウ）隠蔽　（エ）未知
② （ア）未知　（イ）開放　（ウ）隠蔽　（エ）盲点
③ （ア）隠蔽　（イ）未知　（ウ）盲点　（エ）開放
④ （ア）隠蔽　（イ）盲点　（ウ）未知　（エ）開放

解答	

第5問［2］　コミュニケーションに関する次のA～Dの記述のうち、正しい
　　　　　もの（○）と誤っているもの（×）の組み合わせとして、最も適切な
　　　　　ものを1つ選びなさい。

A.　パソコンを使っての会話は、対面のコミュニケーションより公的自己意識が
　　高い。
B.　アメリカの心理学者Mehrabianが行った実験によると、コミュニケーション
　　を構成する3つの要素の視覚情報、聴覚情報、言語情報のうち、最も影響
　　力があるのは、視覚情報であった。
C.　「報告書を提出してほしい」「先方にメールを打ってほしい」といった自己
　　充足的なコミュニケーションは、積極的に行うとスムーズな業務遂行ができ
　　る。
D.　人から何かをしてもらうと、相手にも同じものを返さなければならないとい
　　う互恵性の法則の心理が働きやすい。

①　(A) ○　(B) ×　(C) ×　(D) ○
②　(A) ○　(B) ○　(C) ×　(D) ○
③　(A) ×　(B) ○　(C) ×　(D) ○
④　(A) ×　(B) ×　(C) ○　(D) ×

解答　　　　　　　

第5問［3］　副交感神経の働きに関する次の記述のうち、最も適切なものを
　　　　　1つ選びなさい。

①　瞳孔が開く
②　気管支が太くなる
③　消化活動を抑制する
④　排尿する

解答

第5問[4] ストレス反応に関する次の記述のうち、最も<u>不適切なもの</u>を1つ選びなさい。

① ストレスへの抵抗力は、ストレス要因が加えられた直後の時期では、最初に抵抗力が低下するショック相を経て、抵抗力が高まる抗ショック相へと移行する。

② 抗ショック相では、交感神経系の活動が活発になり、覚醒・活動水準が高くなる。

③ 長期間にわたるストレスで、適応エネルギーが枯渇し、警告反応期に移行し、ストレス反応が現れる。

④ 長時間のストレス要因の刺激や強いストレス要因を受けたときに生じるストレス反応には、心理面、行動面、身体面の反応があるが、管理監督者として気づきやすいのは、行動面である。

解答

第5問[5] メンタルヘルス不調を早期に発見するための「いつもと違う」仕事ぶりの変化に関する次の記述のうち、最も<u>不適切なもの</u>を1つ選びなさい。

① 取引先や顧客からの苦情が多い

② 職務遂行レベルが格段に良くなる

③ 同僚との言い争いや、気分のムラが目立つ

④ ミスや事故が目立つ

解答

第5問[6] 職場でメンタルヘルス不調が疑われる人が出現したときの対応に関する次の記述のうち、最も適切なものを1つ選びなさい。

① 本人や周囲が困っていない場合でも、管理監督者は強く受診を勧める。
② 酔って出勤してくる、仕事の約束をすっぽかすなど、職場管理上の問題となる行為が認められた場合は、しかるべき医療機関を受診するよう命じることができる。
③ 職場管理上問題となる行動が認められ、メンタルヘルス不調によるものであると推測されるにもかかわらず、本人が受診を拒否する場合は、強く受診は勧められない。
④ 最初に相談を受けた側は、安易に引き継ぎをせず、最後まで問題解決のために、将来まで見通した最良の解決策を一緒に考える。

解答	

第5問[7] 管理監督者が部下の相談にのる際の留意点・対応に関して[　]に当てはまる語句の組み合わせとして、最も適切なものを1つ選びなさい。

悩みの相談を受ける場合は、ゆっくりと話せる環境を設定し、少なくとも初めのうちは、相手の言葉で[　ア　]語らせることが大切です。十分に聴かないうちにわかったつもりになったり、[　イ　]を早く言いすぎたりしないことです。相談の内容を正確に把握するためには、相談を受ける側が[　ウ　]をもたずに、可能な限り[　エ　]を保って聴くことです。

① （ア）詳しく　（イ）アドバイス　（ウ）自分の価値観　（エ）傾聴姿勢
② （ア）気軽に　（イ）指導　（ウ）自分の経験　（エ）温かさ
③ （ア）自由に　（イ）注意や説教・説得　（ウ）先入観　（エ）中立性
④ （ア）まとめて　（イ）結論　（ウ）自分の立場　（エ）透明性

解答	

第5問[8] メンタルヘルス不調が疑われる部下を管理監督者が専門家に紹介することに関する次の記述のうち、最も<u>不適切なもの</u>を1つ選びなさい。

① 部下をメンタルヘルス不調であると疑うことに一種の罪悪感あるいは後ろめたさを感じてしまうことがある。

② 本人に産業保健スタッフや専門家のもとへ相談に行ってもらうことが困難な場合は、まず困っている管理監督者が相談に行き、対応について助言を得る。

③ メンタルヘルス不調を取り扱う医療機関は、精神科または心療内科、神経内科、メンタルクリニックなどがある。

④ 事業場内に相談できる専門家がいない場合は、精神保健福祉センター、保健所、産業保健総合支援センター、地域窓口（地域産業保健センター）がある。

解答

第5問[9] 危険対応に関する次の記述のうち、最も<u>不適切なもの</u>を1つ選びなさい。

① 自殺のサインが見られる場合の対処の基本は、1日でも（1時間でも）早く専門医に受診させ、それまでの間、本人を1人にしないことが重要である。

② 躁状態から、職場で深刻なトラブルを繰り返し、勤務に耐えられないと判断される場合は、家族と主治医にその状況を伝え、休業を検討するよう依頼してもよい。

③ 本人が治療を拒否しているケースで入院させるには、家族等の同意が必要で、精神保健福祉法による医療保護入院として法律で規定されている。

④ 幻覚幻聴状態で、深刻な事故の起こる危険が高い場合は、本人に、健康状態を心配していることを伝え、本人が拒否したら、人事労務管理スタッフや産業保健スタッフなどと連携をとり、責任をもって受診させる。

解答

第6問 次の［1］〜［6］の設問に答えなさい。

第6問［1］ 社内資源に関する次のA〜Dの記述のうち、正しいもの（○）と
誤っているもの（×）の組み合わせとして、最も適切なものを1つ
選びなさい。

A. 常時500人以上（一部有害業務がある場合は300人以上）の労働者を使用
する事業場では、専属の産業医を選任する必要がある。
B. 保健師は医師と同じく労働安全衛生法において、選任が規定されており、
産業医と連携しながら事業場内の健康管理のための活動を行っている。
C. 衛生管理者は、常時100人以上の労働者を使用する事業場では選任義務がある。
D. 人事労務管理スタッフは、業務の軽減、時間外労働の制限、異動・配置転換
など、産業医と連携しながら、メンタルヘルス不調者に対して適切な配慮を行う。

① (A) ×　(B) ×　(C) ×　(D) ○
② (A) ×　(B) ○　(C) ×　(D) ○
③ (A) ×　(B) ○　(C) ○　(D) ○
④ (A) ○　(B) ×　(C) ×　(D) ×

解答

第6問［2］ 社外資源とその役割に関する次の記述のうち、最も不適切なも
のを1つ選びなさい。

① 労働基準監督署や労働局は、心の健康づくりやメンタルヘルス対策の基
本的な情報発信・指導を行うとともに、相談窓口を設けている。
② 労働安全衛生法に基づき、事業主の自主的な労働災害防止活動の促進を
通じて、安全衛生の向上を図り、労働災害を防止することを目的に、中央労
働災害防止協会が設立されている。
③ 産業保健総合支援センターは、全国47都道府県に設置されており、事業主な
どに対して職場の健康管理への啓発を実施する産業保健スタッフを支援している。
④ 精神保健福祉センターは、各都道府県と政令指定都市に設置され、心の健康
の保持と向上を目的とした精神保健福祉相談を受けることや広報普及活動、心の
病をもつ人の自立と社会復帰のための指導と援助、地域の保健所や関係機関の職
員を対象とする研修、連携や技術協力・援助を行っている。

解答

第6問[3] メンタルヘルス対策の役割を担った機関に関する次の記述のうち、最も適切なものを1つ選びなさい。

① 勤労者メンタルヘルスセンターは、精神障害で休職中の労働者を対象に職場復帰（リワーク）支援を実施したり、ジョブコーチを派遣したりして、職場適応を支援している。

② 「いのちの電話」は厚生労働省により、多くの都道府県にセンターが設置され、電話相談、インターネット相談（一部）などを無料で実施している。

③ EAP（従業員支援プログラム）のサービスは、事業場のニーズにあった継続的・システム的な支援が提供でき、既存の専門機関との連携や、より専門性の高いメンタルヘルスサービスを提供できる。

④ 「こころの耳電話相談」「こころの耳SNS相談」「こころの耳メール相談」は、一般社団法人日本産業カウンセラー協会が実施している相談窓口である。

解答	

第6問[4] 疾患と医師の専門性に関する次の記述のうち、最も<u>不適切なもの</u>を1つ選びなさい。

① 認知症—心療内科医
② アルコール依存症—精神科医
③ 神経症性障害—心療内科医
④ 心身症—心療内科医

解答	

第6問 [5]　うつ病の治療に関する次の記述のうち、最も<u>不適切なもの</u>を1つ選びなさい。

①　治療は、第1に休養、第2に薬物療法、さらに心理療法・精神療法などが用いられる。

②　うつ病は、脳の生理学的・機能的な不全状態であり、脳内の神経伝達物質の働きを回復させる効果のある、SSRI、SNRI、三環系抗うつ薬、四環系抗うつ薬などの薬が必要な病的な状態である。

③　うつ病では、電撃療法、磁気刺激療法、高照度光療法、断眠療法も病態に合わせて用いられることがある。

④　自宅で療養するのが家庭の状況で休養にならない場合であっても、療養・休養のための入院までは考えなくてよい。

解答 [　　　　]

第6問 [6]　事業場外資源との連携に関する次のA〜Dの記述のうち、正しいものの組み合わせを1つ選びなさい。

A.　メンタルヘルス不調者の対応について、事業場内の連携、本人への統一した対応のために得た情報は文書として保管しておき、すぐに対応できるように、複数の連携窓口を準備しておくことが大切である。

B.　メンタルヘルスの情報収集として、労働基準監督署、産業保健総合支援センター、中央労働災害防止協会、各地域の労働基準協会などのリーフレットを入手したり、説明会に参加するとよい。

C.　復職に際しては、主治医と連携することが重要であることから、復職者の情報を共有するために、管理監督者は本人を介さず直接主治医に連絡し、会うことが求められている。

D.　職業性ストレス簡易調査票による調査を実施して職場のストレスを評価したり、個人への対策や職場の環境改善を図ったりする際は、ストレスチェック実施機関やEAP機関などの協力を得て、対策を講じる。

①　AとC

②　AとD

③　BとD

④　BとC

解答 [　　　　]

第7問［1］ 職場復帰支援の基本的な考え方に関する次の記述のうち、最も<u>不適切なもの</u>を1つ選びなさい。

①　管理監督者による職場環境の調整は、労働者の安心感の醸成や職場へのコミットメントも高まる。

②　精神疾患の場合、まったく元の状態に回復して職場復帰するというケースが多い。

③　職場復帰支援は、常に人事労務管理スタッフや産業保健スタッフと連携しながら、心理的支援や職場環境の改善を図る。

④　復職後の職場のケアが再発を防止するのに重要である。

解答 ☐

第7問［2］ 「心の健康問題により休業した労働者の職場復帰支援の手引き」（厚生労働省、2004年、2012年改訂）において「職場復帰支援プランの作成」は、どの段階のステップか最も適切なものを1つ選びなさい。

①　第1ステップ
②　第2ステップ
③　第3ステップ
④　第4ステップ

解答 ☐

第7問[3] プライバシーの保護に関する次の記述のうち、最も<u>不適切なもの</u>を1つ選びなさい。

① 労働者の個人情報は、原則として常に本人の同意を得たうえで扱うよう配慮しなければならない。

② 職場復帰支援における同意については、労働者が不利な立場に置かれないよう管理監督者として十分な配慮が必要である。

③ 産業医が選任されている事業場では、復職後のよりよい支援のため、健康情報の管理は、管理監督者や人事労務管理スタッフが管理することが望ましい。

④ 健康情報の取り扱いについては、厳密なルールを策定したうえで取り扱うことが不可欠である。

解答 ☐

第7問[4] 復職支援に関する次の記述のうち、最も<u>不適切なもの</u>を1つ選びなさい。

① 労働者への心理的支援として、復職後は最初から100％でがんばろうとせず、調子をみながらゆっくりペースをあげていけばよいことを伝えるとよい。

② 疾病による休業は、自己の健康管理のあり方を見つめ直すきっかけとなり、症状の再燃・再発の予防だけではなく、今後の仕事生活をより豊かにするきっかけになる。

③ 休業中は負担が大きくなるため、労働観やキャリアデザインの見直しまでは控える。

④ 中小規模事業所などでは、産業医など必要な人材が確保できない事情もあることから、管理監督者は人事労務管理スタッフや必要に応じて事業場外資源を活用することが望ましい。

解答 ☐

第7問［5］　両立支援に関する次の記述のうち、最も適切なものを1つ選びなさい。

① 2017年の改訂により、「事業場における治療と職業生活の両立支援のためのガイドライン」の対象となる疾病は、がん、脳卒中、心疾患、糖尿病、肝炎、その他の難病など、反復・継続して治療が必要となる疾病に加え、短期で治癒する疾病も対象となった。

② 労働安全衛生法では、事業者による労働者の健康確保対策に関する種々の規定として、「治療と職業生活の両立」も具体的に規定されている。

③ 両立支援に際して、就労によって疾病の増悪、再発や労働災害が生じないよう適切な就業上の措置や治療に対する配慮を行うことが就業の前提となる。

④ 疾病の状態や治療の副作用、障害などによって、労働者自身の業務遂行能力が一時的に低下することがあるため、育児や介護の両立支援と同じく、健康状態や業務遂行能力も踏まえた就業上の措置等が必要となる。

解答	

メンタルヘルス・マネジメント検定試験 模擬試験

3種（セルフケアコース）

問 題 用 紙

メンタルヘルス・マネジメント検定試験では、公式テキストⅢ種セルフケアコース（編：大阪商工会議所）を理解したうえで応用問題も出題されます。そのため、この模擬試験の問題・解答も、一部、本テキストに掲載のない応用問題を出題していますが、試験対策としてご活用ください。

※模擬試験では各設問に解答欄を設けていますが、実際のメンタルヘルス・マネジメント検定試験は、マークシート方式となっています。

制限時間2時間

次の［1］～［5］の設問に答えなさい。

第1問［1］ 「労働安全衛生調査」(2018年) に関する次の記述のうち、最も適切なものを1つ選びなさい。

① 「仕事や職業生活に関することで、強いストレスとなっていると感じる事柄がある」と答えた労働者の割合は、59.8%となった。
② 「仕事や職業生活に関することで、強いストレスとなっていると感じる事柄がある」と回答した人の就業形態別では、正社員、契約社員、派遣労働者、パートタイム労働者の順に高い。
③ 強いストレスの原因として、男女とも「仕事の質・量」「仕事の失敗、責任の発生等」「対人関係（セクハラ・パワハラを含む）」が高率となった。
④ 強いストレスについて相談できる相手がいるとする労働者の割合は、男女とも50%以下となった。

解答

第1問［2］ 労働者のメンタルヘルスの状況に関する次の記述のうち、最も不適切なものを1つ選びなさい。

① わが国の自殺者数は、1998年に急増し、それ以降14年連続で3万人を超えていた。
② 自殺直前には、大半の例で精神健康面に問題があることが指摘されている。
③ 2011年、厚生労働省は、心の健康問題がこれまで以上にわが国全体の取り組むべき大きな課題となっていることを受け、地域医療の基本方針となる医療計画に盛り込む疾病に精神疾患を加えている。
④ 心の病気を発症すると、大半の例では、作業効率が低下し、早急な休業が必要となることも少なくない。

解答

第1問[3]　労働者のメンタルヘルスの状況に関する次の記述のうち、最も適切なものを1つ選びなさい。

① 公益財団法人日本生産性本部（2019年）が全国上場企業を対象として実施している調査結果では、39%の企業が最近3年間で「心の病」が増加傾向にあると回答している。

② 自殺対策として、2012年に「自殺対策基本法」が制定され、翌年に政府が推進すべき対策の指針をまとめた「自殺総合対策大綱」が策定された。

③ 2018年「労働安全衛生調査」の結果、過去1年間にメンタルヘルス不調により連続1ヵ月以上休業した労働者がいた事業所の割合は、6.7%であった。

④ 2018年「労働安全衛生調査」の結果によれば、メンタルヘルス対策に取り組んでいる事業所の割合は、59.2%と、この5年ほど増加傾向にあり、セルフケアを充実させる動きが促進されている。

解答 [　　　　]

第1問[4]　メンタルヘルスケアの計画、実施、評価に関する次の記述のうち、最も適切なものを1つ選びなさい。

① 心の健康づくりの方針として「プライバシーへの配慮は適切にされているか」といった事項を評価できる指標が必要となる。

② 事業者が表明した方針は、全従業員に周知する必要はない。

③ 「労働者の心の健康の保持増進のための指針」は2015年に改正され、ストレスチェック制度の位置づけを明確にしなければならないとされている。

④ 心の健康づくり体制は、無理なく継続的に実施できるように、細かい役割は決めず、その都度柔軟に対応するように定めることが重要である。

解答 [　　　　]

第1問 [5] 「心の健康づくり計画」に関する次の記述のうち、最も適切なものを1つ選びなさい。

① 心の健康づくり計画では、効果が見えにくいため、数値目標を定めることは望ましくない。

② 心の健康づくり計画の進捗状況は、管理監督者のマネジメント会議にて、確認していく必要がある。

③ メンタルヘルス対策が成果をあげるためには、一人ひとりが、セルフケアに努めることが最重要である。

④ 現在の職場では、メンタルヘルスに関する課題がクローズアップされているが、実際の職場ではそれぞれの課題が個別に存在するのではなく、メンタルヘルスケアも安全衛生活動の一部を構成している。

解答	

次の［1］〜［8］の設問に答えなさい。

第2問［1］ ストレスに関する次の記述のうち、最も<u>不適切なもの</u>を1つ選びなさい。

① 個人にとって負担となる出来事や要請をストレッサーという。
② ストレス要因によって引き起こされた不安やイライラ、抑うつ気分などの精神症状と疲労感、食欲不振、胃痛、下痢、不眠などの身体症状、喫煙や飲酒量の増加といった行動の変化を含めてストレス反応と呼ぶ。
③ ストレス病とは、ストレス反応が持続して症状として固定したうつ病、高血圧症、胃・十二指腸潰瘍、心筋梗塞などをいう。
④ ストレッサーに直面して生じるさまざまな感情は、脳内のNK細胞によって引き起こされる。

解答

第2問［2］ ストレスによる健康障害のメカニズムに関するA〜Dの記述に関して、正しいもの（〇）と誤っているもの（×）の組み合わせとして、最も適切なものを1つ選びなさい。

A. 個人にとって負担を引き起こす出来事に直面すると、その負担の大きさや困難性、苦痛の程度などが大脳辺縁系で評価され、ストレスとして認知される。
B. ストレスの情報は、感情の中枢である大脳皮質に伝達されて、不安や不満、怒り、悲しみなどの感情を引き起こす。
C. ストレス状態で、内分泌系の中枢である視床下部の海馬が活性化されると、脳下垂体、副腎を刺激するホルモン類が生産され、糖尿病や胃・十二指腸潰瘍の発症を促進し、感染症にかかりやすくなる。
D. アドレナリンは、強いストレス状態のときや不安を感じる状況で分泌され、高血圧や狭心症、心筋梗塞、不整脈、脳卒中などの原因となる。

① （A）〇 （B）〇 （C）× （D）×
② （A）× （B）× （C）〇 （D）×
③ （A）〇 （B）〇 （C）× （D）〇
④ （A）× （B）× （C）× （D）〇

解答

第2問［3］ 産業ストレスに関する次の記述のうち、最も適切なものを1つ
選びなさい。

①　政府による働き方改革の推進と新型コロナウイルス感染拡大で急速に進んだテレワークやオンラインツールの活用によって、従来の働き方や家族のあり方が変化し、急速な構造変化により、個々の労働者のストレスを軽減した。

②　2016年に厚生労働省が行ったパワハラの発生と対策に関する実態調査では、過去3年間にパワハラの相談を受けた企業は42%であった。

③　男女雇用機会均等法および育児・介護休業法においてセクシュアルハラスメントや妊娠・出産・育児休業などに関するハラスメントにかかる規定の一部が改訂され、相談したこと等を理由とする不利益取り扱いの禁止や、国、事業主および労働者の責務が明確化された。

④　NIOSH（米国立労働安全衛生研究所）の職業性ストレスモデルにおいて、ストレス反応の強さは、性格や行動パターン、自己評価の影響を受けるが、年齢や性別からは大きな影響を受けない。

解答　

第2問［4］ ワーク・エンゲイジメントに関するA〜Dの記述のうち、正しいものの組み合わせを1つ選びなさい。

A.　ワーク・エンゲイジメントは、健康増進と生産性向上の両立に向けたキーワードとして、近年、特に注目されるようになった。

B.　ワーク・エンゲイジメントは、熱意（仕事に誇りややりがいを感じている）、没頭（仕事に熱心に取り組んでいる）の2つがそろった状態であり、バーンアウト（燃え尽き）の対概念として位置づけられている。

C.　仕事の要求度―資源モデルの「動機づけプロセス」は、仕事の要求度／個人の資源→ワーク・エンゲイジメント→健康・組織アウトカムの流れを指す。

D.　従来のメンタルヘルス対策では、仕事の要求度によって生じさせていたバーンアウト（ストレス反応）を低減させ、健康障害を防ぐことに専念していた。

①　AとD
②　BとC
③　AとC
④　BとD

解答

第2問［5］　発達障害に関する記述のうち、最も不適切なものを1つ選びなさい。

① 　発達障害とは「自閉症、アスペルガー症候群その他の広汎性発達障害、学習障害、注意欠陥多動性障害、その他これに類する脳機能の障害であって、その症状が通常低年齢において発現するもの」と発達障害者支援法により定められている。

② 　職域では、ASDの長所は、好きなことにおける高い機動力、活動的、積極的、雄弁、ひらめきがあり行動力があることなどが挙げられる。

③ 　発達障害は、複数の疾患どうしの併存が多く、精神疾患やパーソナリティ障害との鑑別は高度の専門性が必要とされる。

④ 　ADHDでは、薬物治療が有効な場合があるため、環境調整や本人の自己理解と同時に、早期の適切な治療と薬物療法の可否の検討が有益である。

解答 _____

第2問［6］　心身症に関する次の記述のうち、最も不適切なものを1つ選びなさい。

① 　心身症では、心筋梗塞など、より重篤な疾患が起こることはない。

② 　心身症では、胃潰瘍や十二指腸潰瘍などが起こることがある。

③ 　緊張型頭痛では認知行動療法が有効な場合がある。

④ 　心身症に影響を及ぼす要因として、心理社会的要因が挙げられる。

解答 _____

第２問 [7] 心の健康問題に関する記述のうち、最も<u>不適切なもの</u>を１つ選びなさい。

① 過労自殺と認定された人の多くは、直前まで仕事ができる人と評価されていた。

② うつ病の有病率は１～３％である。

③ メンタルヘルス不調になった初期には、身体面や行動面より、精神面に変化が現れることが少なくない。

④ 将来的にメンタルヘルス不調になり得るかどうかは予測不可能である。

解答	

第２問 [8] 精神障害を抱える方々の環境に関する次のA～Dの記述のうち、正しいもの（〇）と誤っているもの（×）の組み合わせとして、最も適切なものを１つ選びなさい。

A. 2015年に障害者差別解消法と改正障害者雇用促進法が成立した。

B. 2018年の改正障害者雇用促進法では、精神障害者の雇用が努力義務となった。

C. 障害者に対する差別の禁止として、雇用における障害を理由とする不当な差別的取り扱いが禁止されている。

D. 合理的配慮・差別禁止の対象となる精神障害者は、統合失調症・気分障害（うつ病、躁うつ病）・発達障害などの精神疾患により、長期にわたり職業生活に相当な制限を受ける状態にあるものをいう。

① (A) 〇　(B) ×　(C) 〇　(D) 〇

② (A) 〇　(B) ×　(C) ×　(D) ×

③ (A) ×　(B) 〇　(C) 〇　(D) 〇

④ (A) ×　(B) ×　(C) 〇　(D) 〇

解答	

第3問［1］ 過重労働の背景と労働者の健康状態に関する次の記述のうち、最も適切なものを1つ選びなさい。

① 日本では、業務範囲が仕事の状況に応じて変動し、仕事が増えれば新規雇用して補うという「職場文化」がある。

② 2019年施行された改正労働基準法にて上限規制（時間外労働時間の上限について月40時間、年間360時間を原則とするなど）が実施され、労働時間管理が強化された。

③ 厚生労働省が発表した「令和元年度定期健康診断結果」では、労働者の定期健康診断結果における有所見率は58％まで達している。

④ 「令和元年度定期健康診断結果」の労働者の定期健康診断結果における有所見率の最も高い項目は血中脂質であった。

解答	

第3問［2］ 過重労働の健康影響メカニズムに関する次の記述のうち、最も不適切なものを1つ選びなさい。

① 過重労働（長時間労働）がどのようなメカニズムで労働者の健康を障害するかという仕組みについては、詳細に証明されているわけではない。

② 過重労働（長時間労働）やストレスがあると、体内では交感神経系が反応し、同時に内分泌のアドレナリンやノルアドレナリンの分泌が減少し、血圧を上昇させ、血糖値を上げ、代謝バランスを不安定にする。

③ 「精神障害の労災認定の基準に関する専門検討会（2011年11月）」では、長時間労働とメンタルヘルス不調との関係について認めている。

④ 血管障害として「動脈硬化」が過労死の前段階として労働者に発症し、そこに過重労働という負荷が加わることで「循環器系疾患」が発症し、過労死事故になる。

解答	

第3問[3] 自己保健義務に関するA ～ Dの記述のうち、適切な正解の数を1つ選びなさい。

A. 健康管理面において、労働者には健康診断を受診する義務がある。

B. 健康診断において、健康の保持に努める必要があると認められた労働者に対しては、事業者は医師または保健師による保健指導を行う義務がある。

C. 2008年3月施行「労働契約法」第5条において「使用者は、労働契約に伴い、労働者がその生命、身体等の安全を確保しつつ労働することができるよう、必要な配慮をするものとする」と明文化された。

D. 労働安全衛生法に規定されている、ストレスチェックは心理的な不調者を探すことが目的である。

① 1つ
② 2つ
③ 3つ
④ 4つ

解答 [   ]

第3問[4] 自己管理としての早期対処に関する記述のうち、最も<u>不適切な</u>ものを1つ選びなさい。

① メンタルヘルス不調は、心理的な分野であるために発症の状態が第三者にわかりにくい。

② 心理的な面は、本来であれば本人自身がその変調に気づくはずだが、判断能力が低下していることもあるため、第三者の指摘によって気づく場合もある。

③ メンタルヘルス不調の初期の段階では、単なる一過性の心の反応なのか、すでに病的レベルの問題であるのかの区別はつきにくい。

④ 自力で対処し切れない相談事やストレスは、まずは自分で考えてから協力を得られるかどうかを相談する。

解答 [   ]

第3問〔5〕 事業場内システムによる早期対処に関する次の記述のうち、最も<u>不適切なもの</u>を1つ選びなさい。

① 健康管理に関して事業者が取り組むのは、産業保健スタッフを選任し、健康診断を行うことだけでよい。

② 深夜業等の特定業務従事者への6ヵ月以内ごとの健診や、過重労働者に対する医師による面接指導の実施、ストレスチェック後の医師による面接などを実施することで体調不良の早期発見につなげることができる。

③ 2019年4月に改正された労働安全衛生法では、労働者が健康相談を希望すれば産業医と相談することができるようになっているが、産業医に対する健康相談の申出の方法を周知徹底することも義務化されている。

④ 職場には、「人間関係を通して、労働者の体調不良に気づくシステムが存在している」という面がある。

解答

第4問［1］　ストレスに関する次の記述のうち、最も<u>不適切なもの</u>を1つ選びなさい。

①　前もってストレスとなり得るリスク要因、ストレスによって生じる異変を知っておくことで、早期にストレスへの気づきを得ることができる。

②　ストレスモデルでは、仕事で要求される度合いが大きく、自由裁量の度合いが小さく、社会的支援が得られない場合に最もストレスが高くなると提唱されている。

③　ある現象や状況がストレス要因であった場合は、人がその状況を「どう認知するか」によって規定されるが、ストレス要因に対する反応の仕方やその程度は、人により大きく異なる。

④　情動焦点型コーピングはストレス状況に置かれたときに生じる否定的な情動をポジティブに変化させようとするコーピングである。

解答

第4問［2］　「心理的負荷による精神障害の認定基準」（以下「認定基準」という）に関するA～Dの記述のうち、正しいもの（○）と誤っているもの（×）の組み合わせとして、最も適切なものを1つ選びなさい。

A．「認定基準」では、「パワーハラスメント」は出来事の類型のうち「対人関係」の中に含まれる。

B．「認定基準」では、「業務に関連し、違法行為を強要された」という出来事は、「特別な出来事」となっている。

C．「認定基準」では具体的な出来事として「転勤をした」ことも挙げられている。

D．「認定基準」の出来事の強度は、必ずしも適切でない可能性がある。

①　(A)　○　(B)　○　(C)　×　(D)　×
②　(A)　○　(B)　×　(C)　○　(D)　×
③　(A)　×　(B)　×　(C)　○　(D)　○
④　(A)　×　(B)　○　(C)　○　(D)　○

解答

第4問［3］　ストレスに関する次の記述のうち、最も**不適切なもの**を１つ選びなさい。

① 　仕事と生活の調和は個人の健康に影響を与えるだけではなく、少子化対策など社会の活力向上につながる。
② 　「社会的再適応評価尺度」から、ストレス値が200点以上になると79％の人に何らかの疾患が発症していたことが明らかになった。
③ 　「出来事のストレス評価」の日本の追研究では、勤労者のストレス点数ランキングで「会社の倒産」が第２位に挙がっているのは、日本の特徴を表すものといえる。
④ 　在宅勤務の拡大は、通勤が不要になることで時間の余裕を生み出したが、一方で新たなストレスを生み出している。

解答	

第4問［4］　ストレスに関する次の記述のうち、最も**不適切なもの**を１つ選びなさい。

① 　キャッチセールスや迷惑メールなども、重大なストレスになり得る。
② 　「社会的再適応評価尺度」では、離婚や夫婦の別居はストレスになるが、夫婦の和解や自分の輝かしい成功は、ストレスにはならない。
③ 　消化器系症状は、身体面の慢性反応である。
④ 　喧嘩や口論は、行動面の急性反応である。

解答	

第4問［5］　ストレス反応に関する次の記述のうち、最も**不適切なもの**を１つ選びなさい。

① 　ストレスの種類に関係なく、身体面・行動面・心理面の異変をとらえることが気づきにつながる。
② 　ストレスが原因で、頭痛や腹痛が生じることがある。
③ 　大酒、やけ食いは慢性の反応で、行動面の変化に該当する。
④ 　遅刻や欠勤は急性の反応で、行動面の変化に該当する。

解答	

<事例>

　Ｅさん（女性）は住宅建材の工務店に入社し、３年目の社員です。農業栽培の事業を担う部署に配属になり半年。同期はいましたが、別の部署に配属されており、上司と先輩、あとはパートの方々で構成されている職場でした。

　Ｅさんは、まだ決められた仕事はなく、パートの方々から野菜の栽培方法を教えてもらっていました。上司から今後は、先輩が担当していた経理の仕事を手伝う予定であると聞かされていますが、なかなか仕事を教えてもらえず時間を持てあましています。ある日、上司と二人のときに、「社長には言わないから、なぜこの会社に入ったのか。本当は農業には興味がなかったのではないか」と問われ、Ｅさんは混乱して、「いえ、高校時代から興味はありましたし、大学の部活動でも農作物の栽培を行っていました」と言い返しました。それ以来、上司は二人になると、私的なことをＥさんに聞いてきたり、スマホを勝手にのぞいたり、Ｅさんが不在時に、机の中を勝手に物色されるようになりました。また、他の社員がいる前では、「アルバイトではないのだから、パートの人に指示を出せるよう、１日も早く仕事全体を見て動けるように」と常にプレッシャーをかけてきます。そのうちに、上司と先輩が外出するときには、代行を任されるようになりました。

　そのようななか、同居していた祖母が半月前に亡くなり、忌引き後、落ち込んで会社を休んでしまいました。症状としては、寝つきが悪く、朝早く目が覚めるようになりました。会社に行かなくてはならないと焦るのですが、気力、意欲、集中力が低下し、好きであったアニメに興味がわかず、食欲も低下していることが２週間程度続いています。そして、仕事をやっていく自信がもてなくて、会社を辞めたいと思うようになりました。

第４問［６］　Ｅさんのストレスについて、社会的再適応評価尺度に関する次の記述のうち、最も不適切なものを１つ選びなさい。

① 「社会的再適応評価尺度」は、過去１年間に経験した出来事について評価しているので、同居していた祖母が亡くなったことはストレスのかかるライフイベントとみなされる。

② 「社会的再適応評価尺度」で算出された合計点数が年間150点であった場合、51％の人に何らかの疾患が発症していたことが明らかになった。

③ 上司とのやり取りにおいて、混乱したというのは心理面の変化で急性のストレス反応にあたる。

④ 労働者にとって、仕事上のストレスは心身の健康状態に大きな影響を及ぼすが、仕事以外のストレスも軽視できない。

解答

第４問［７］　パワーハラスメントに関する次の記述のうち、最も適切なものを１つ選びなさい。

① 上司がスマホを勝手にのぞき、不在時に、社内の机の中を勝手に物色する行為は、パワーハラスメントにはあたらない。

② 2019年に労働施策総合推進法が改正され、職場におけるパワーハラスメントの防止対策が努力義務となった。

③ 業務による心理的負荷において、上司からパワハラを受けた場合、心理的負荷は弱い。

④ 退職願望は、心理的変化の慢性反応である。

解答

第４問［8］　Ｅさんのストレス反応に関する次の記述のうち、最も<u>不適切な</u><u>もの</u>を１つ選びなさい。

①　ストレスによって生じる心身の異変は「いつもと違う自分に気づく」ということである。

②　寝つきが悪く、早く目が覚めるというのは、自分が気づく変化の１つである。

③　気力、意欲、集中力の低下、好きであったアニメに興味がわかず、食欲も低下していることが２週間程度続いている場合は、１ヵ月程度様子を見て専門家に相談してみる必要がある。

④　職業性ストレス簡易調査票の仕事についての質問で、技術を活用できているかを評価する項目はある。

解答　　　　　　

第４問［9］　Ｅさんが職業性ストレス簡易調査票に回答した場合の結果に関する次の記述のうち、最も適切なものを１つ選びなさい。

①　ハラスメントに関するチェック項目がある。

②　Ｅさんが同僚からの支援についてチェックする項目はない。

③　仕事の満足度についてチェックする項目はない。

④　「仕事での対人関係」「仕事の適性度」について要チェックとなっている場合は、要チェックのない場合と比較して「心理的ストレス反応要チェック」となるリスクが、女性では2.5倍とされている。

解答　　　　　　

第４問［10］　Ｅさんが新職業性ストレス簡易調査票を用いたストレスチェックの結果に関する次の記述のうち、最も適切なものを１つ選びなさい。

①　心理的ストレス反応では、ポジティブ反応は評価できない。

②　回答者のパーソナリティについては考慮されている。

③　ストレス反応だけではなく、仕事上のストレス要因、ストレス反応、および修飾要因が同時に測定できる、多軸的な調査票である。

④　ストレスチェックの結果は、正確な情報をもたらす。

解答

第5問 次の[1]～[10]の設問に答えなさい。

第5問[1] ストレスの予防に関する記述のうち、最も<u>不適切なもの</u>を1つ選びなさい。

① ストレスの予防方法には、「休養・睡眠」「運動・食事」「リラクセーション」などがある。

② ストレスがかかるとビタミンD群を消耗するため、意識的に補う必要がある。

③ ストレスを感じた際は、リラクセーション法により、自分を解放しリラックスした状態にしておくことで、ストレスによる悪影響を予防できる。

④ 運動は、寝つきをよくし、睡眠時間を長く、睡眠を深くするという点で睡眠の質の改善につながる。

解答

第5問[2] 「健康づくりのための睡眠指針」（厚生労働省、2014年）に関する次の記述のうち、最も適切なものを1つ選びなさい。

① 睡眠時間は8時間とることが望ましい。

② 年齢を重ねると疲れやすく睡眠時間は長くなる。

③ 「睡眠薬代わりの寝酒」は睡眠を深くする。

④ 午後の短い昼寝でリフレッシュできる。

解答

第5問[3] リラクセーション法に関する次の組み合わせのうち、最も<u>不適切なもの</u>を1つ選びなさい。

① リラクセーション法―能動的態度で、心を向ける対象をつくる（身体感覚など）。

② 呼吸法―横隔膜を上下させる規則的で長くゆっくりした呼吸をする。

③ 漸進的筋弛緩法―筋肉に力を入れたときの感覚と弛緩させたときの感覚を交互に感じる。

④ 自律訓練法―自己暗示の練習によって、不安や緊張を軽減させる。

解答

第5問［4］ マインドフルネスに関する次のA～Dの記述のうち、正しいものの組み合わせとして最も適切なものを1つ選びなさい。

A.　世界的な大企業が、社員の健康や生産性の向上のためにマインドフルネス瞑想を取り入れている。
B.　宗教的なマインドフルネスから派生して、1970年代にJon Kabat-Zinnがうつ病患者を対象としたグループ療法としてマインドフルネスストレス低減法を開発した。
C.　マインドフルネスでは「今」に注意を向け、頭の中で否定的な考えを反芻している状態から、思考や感情を俯瞰できるようになることを目指す。
D.　マインドフルネスの本質の考え方をよく理解して、技法を身につけることが求められる。

① 　AとB
② 　AとC
③ 　BとC
④ 　AとD

解答　　　　　　　　

第5問［5］ ソーシャルサポート（社会的資源）に関する次の記述のうち、最も適切なものを1つ選びなさい。

① 　ソーシャルサポートには、「情緒的サポート」「情報的サポート」「物理的サポート」の3つがある。
② 　自分の行為が周囲から認められることは心理的に安定する効果があり「情緒的サポート」である。
③ 　産業医、看護師、心理カウンセラーといった専門家もソーシャルサポート源である。
④ 　実際に手助けをしてくれるサポートは、「物理的サポート」である。

解答

第5問[6]　ソーシャルサポートの充実を図るためのアプローチに関する次の記述のうち、最も不適切なものを1つ選びなさい。

① 　ソーシャルサポート源を増やしたりサポートされる力を増大させたりすることは、ストレスを防ぐための重要な要因である。

② 　サポートしてほしい人には、日頃からあいさつなどはきちんと行っておく、困っていると相手に伝えるなど、まず自分から何らかのアプローチを行う必要がある。

③ 　困っているときには、他者からのサポートに頼りきることも重要である。

④ 　サポートはギブ・アンド・テイクであり、相手からサポートを得るためには、自分も相手のサポート源になる必要がある。

解答

第5問[7]　ストレスと感じにくい考え方に関するA～Dの記述のうち、正しいもの（○）と誤っているもの（×）の組み合わせとして、最も適切なものを1つ選びなさい。

A.　仕事上のミスを犯したときに、なぜそうなったのかを冷静に分析し、再度ミスをしないようにする。

B.　上司を前にしてプレゼンテーションを行うことが「嫌だ」「つらい」としっかり認識する。

C.　次は「100%うまくやれる」と思って仕事に取り組む。

D.　「仕事はつらいが、得た収入で好きな物を買える」と思う。

① 　(A) × 　(B) × 　(C) ○ 　(D)○
② 　(A) ○ 　(B) × 　(C) × 　(D)○
③ 　(A) ○ 　(B) ○ 　(C) × 　(D)×
④ 　(A) × 　(B) ○ 　(C) ○ 　(D)×

解答

第5問［8］　コーピングに関する記述のうち、最も<u>不適切なもの</u>を1つ選び
　　　　　なさい。

①　長年の生活経験によってコーピングの特徴、くせがあるため、いつも同じ
　　コーピングをしてしまわないようにする。
②　使えるコーピングが多ければ多いほど、さまざまなストレス場面を克服す
　　ることができる。
③　自信をもつようにすることは、問題焦点型コーピングである。
④　コルチゾールは別名「ストレス物質」といわれ、筋肉運動でコルチゾール
　　を消費することも心身の安定に効果的である。

解答

第5問［9］　リラクセーション法の自律訓練法に関する次の記述のうち、最
　　　　　も<u>不適切なもの</u>を1つ選びなさい。

①　自己暗示の練習によって不安や緊張を軽減させ、筋肉を弛緩させて自律神
　　経系の働きのバランスを整える。
②　自律訓練法を行う姿勢は、必ず仰臥姿勢で行う。
③　安静練習、重感練習、温感練習と進める。
④　練習が終わったら必ず消去動作を行う。

解答

第5問［10］　ストレス対処に関する次の記述のうち、最も<u>不適切なもの</u>を1
　　　　　つ選びなさい。

①　不本意な部署に異動したときに、新しい自分の能力が開発されると考える
　　と強いストレス要因とはならない。
②　ほとんどの場合、怒りは自分の他人への勝手な期待が原因である。
③　「男性はそうすることが望ましいこともある」「女性だからといって、しては
　　いけないという理由はない」と自らの考えを広げていくことはコーピングにな
　　る。
④　どうしても取り除けないストレス要因は、しばらく我慢してみるという判断
　　はストレス対処にはならない。

解答

第6問［1］　ストレスに対するセルフケアに関する次の記述のうち、最も適切なものを1つ選びなさい。

① 管理監督者のセルフケアには、一般労働者のセルフケアはあまり役立たない。
② カウンセリングは心の深い問題を話したり、非常に私的な相談をしたりすることがあるため、評判のよいカウンセラーに相談することが重要である。
③ 結婚、出産、引っ越し、単身赴任などの変化後1〜6ヵ月（多くは2〜3ヵ月）はメンタルヘルス不調になりやすい時期であるため、不調のサインに気づくことが重要である。
④ セルフケア能力を高めるためには、コミュニケーション・スキルが必要である。

解答	

第6問［2］　コミュニケーションに関する次のA〜Dの記述のうち、正しいもの（〇）と誤っているもの（×）の組み合わせとして、最も適切なものを1つ選びなさい。

A. 職場に合ったコミュニケーション・スキルを習得することで、無駄な対立をなくすことができる。
B. 組織では、縦方向のコミュニケーションがとれるようになると、仕事を効率的に進めることができるので、横方向のコミュニケーションは必要ない。
C. コミュニケーションで最も重要なことは、わかりやすく説明する能力である。
D. アサーティブな関係を維持するには、感情をぶつけるのではなく、「私は怒っています」と表現する。

① (A) 〇　(B) 〇　(C) ×　(D) ×
② (A) ×　(B) ×　(C) 〇　(D) 〇
③ (A) ×　(B) 〇　(C) ×　(D) ×
④ (A) 〇　(B) ×　(C) ×　(D) 〇

解答	

第6問[3] セルフケアに関する次の記述のうち、最も<u>不適切なもの</u>を1つ選びなさい。

① セルフケアによって、適度なストレスを維持することは仕事を効率的に進めていくうえで重要である。

② 食事がおいしくない、砂を噛むようだという場合は、早期のストレスサインである。

③ 病気の再発が不安だからといって、カウンセリングを受けることはふさわしくない。

④ 内省的な思考により新たな問題解決法を発見し、自分の能力を伸ばしていくことができる。

解答 [____]

第6問[4] アサーティブコミュニケーションに関する次の記述のうち、最も<u>不適切なもの</u>を1つ選びなさい。

① 相手のことを相手の立場で理解しようとする共感的理解がアサーティブな関係の維持につながる。

② 相手を信頼することで、自分の内部を知る自己信頼がアサーティブな関係の維持につながる。

③ 自分のことも相手のことも考え、2人にとって最もよい着地点をみつける。

④ 相手を受け入れられるようになる。

解答 [____]

第6問〔5〕　カウンセリングに関する次の記述のうち、最も適切なものを1つ選びなさい。

①　カウンセリングを受けることで、話を聴いてもらってスッキリすることはあるが、カウンセラーから呼吸法や自律訓練法などの指導を受けることはない。

②　早期にカウンセリングを受けることで、早めに症状が改善したり問題が解決したりするわけではない。

③　信頼できる友人などに話を聴いてもらうことで、問題が整理できるのであれば、無理に専門的なカウンセリングを受ける必要はない。

④　カウンセリングは医療機関では、健康保険が適用されない。

解答	

次の［1］〜［7］の設問に答えなさい。

第7問［1］　同僚のケアに関する次の記述のうち、最も適切なものを1つ選びなさい。

① 職場の同僚とは相互に無形の支援（サポート）を受けている。
② 仕事のアドバイスをすることは、同僚への情緒的サポートとなる。
③ 同僚のメンタルヘルス不調のサインとして、細かいことにこだわらなくなり、ぼんやりして眠そうに見えることがあげられる。
④ メンタルヘルス不調の同僚が職場にいる場合は、周囲の人たちは積極的に声をかけてあげる。

解答 ⬚

第7問［2］　うつ病の治療に関する次の記述のうち、最も<u>不適切なものを</u>1つ選びなさい。

① 心理療法・精神療法は、話すこと・聴くこと、治療する人との人間関係などを通じて心にアプローチして、不調を改善していく。
② 認知行動療法は、うつ病の人の考え方の特徴の全か無か思考、極端なものの見方、過度の一般化など、受け止め方（認知）をポジティブにしていこうという治療法である。
③ うつ病の状態によっては、自分の性格や問題について深く考えることを避けたほうがよい場合もある。
④ リワークプログラムを受けた人たちの予後は、良好であるとされている。

解答 ⬚

第7問[3] 相談できるスタッフの種類と特徴に関する次の記述のうち、最も適切なものを1つ選びなさい。

① 常時50人以上の事業場では、衛生面を管理するための国家資格をもった衛生管理者がいる。
② 産業医は、事業者に健康管理などに必要な方策に関して意見を述べることができるが、勧告することはできない。
③ 職場における看護職（看護師・保健師）は法令上の選任義務がある。
④ 産業カウンセラーはストレスチェック実施者になれる。

解答	

第7問[4] 相談窓口の活用に関する次の記述のうち、最も<u>不適切なもの</u>を1つ選びなさい。

① 事業場内の相談窓口では、十分にプライバシーの確保が考慮されているが、人事評価に影響するのではないかといった懸念がある場合は、まず社外の窓口を利用するのがよい。
② 精神保健福祉センターは、職場でのストレスや病院を受診したほうがよいかどうか、精神疾患の治療など、自分自身のメンタルヘルスについて幅広く相談できる。
③ 精神保健指定医と標榜していれば、精神科の医師と考えられる。
④ 大学病院や総合病院では希望すれば、同じ専門の担当医に診てもらえる。

解答	

第7問[5] メンタルヘルス不調で専門家の診療科を受診しようと決めるポイントについて、最も<u>不適切なもの</u>を1つ選びなさい。

① 生活習慣上の変化や自覚症状が継続している。
② 身体症状の循環器症状や脳神経症状に対して、内科やその他の診療科での検査に異常がない場合や治療を継続しても改善しない場合。
③ 憂うつな気分、不眠が週単位で続いたため、神経内科を受診した。
④ 仕事で集中できていない、ミスが多いなど、仕事ぶりが日頃と異なってきたと同僚から心配された。

解答	

第7問[6] うつ病の治療に関する次の記述のうち、最も適切なものを1つ選びなさい。

① 治療は、第1に休養、第2に薬物療法、さらに心理療法・精神療法などが用いられる。

② 家にいると仕事が気になって仕方がないが、入院の対象とは考えない。

③ 休職に入る前に、本人から休職可能な期間や休職期間中の給与補償を会社に確認しておく。

④ 復職した際には、最初から元気だった頃のイメージで仕事をすることが重要である。

解答 ☐

第7問[7] 精神疾患の治療薬に関する次の記述のうち、最も<u>不適切なもの</u>を1つ選びなさい。

① 心の問題は、明らかな脳の生理学的・機能的な病的状態であり、脳内の神経伝達物質の働きの異常を回復させる効果のある薬物が必要である。

② SSRI（選択的セロトニン再取り込み阻害薬）・SNRI（セロトニン・ノルアドレナリン再取り込み阻害薬）は、眠気、目のかすみ、口の渇き、動悸、便秘、排尿困難、立ちくらみなどの副作用が強い。

③ スルピリドは、少量では潰瘍の治療薬として、大量では統合失調症の治療薬としても使われる薬である。

④ 気分安定剤としてはリチウムや抗てんかん剤、いくつかの抗精神薬がある。

解答 ☐

2種／3種 模擬試験

解答・解説

第1問

問題番号	解答	解説
[1]	①	②「58.9%」ではなく、「58%」。③「ともに増加した」は誤り。「仕事志向」といえる者の割合が減少する一方で、「仕事・余暇の両立志向」の者の割合が増大した。④「10歳代〜20歳代に次いで30歳代」ではなく、「30歳代に次いで10歳代〜20歳代」である。
[2]	②	①③④は記述のとおり。②は「労働契約法」ではなく、「労働安全衛生法」の説明である。
[3]	①	②「医師」ではなく、「労働基準監督署長」が認定する。③セクハラ、パワハラも認定基準に基づいて判断がなされる。④相殺の対象となり、損害額から控除される。
[4]	②	①③④は記述のとおり。②は「産業保健スタッフとの関係」ではなく、「人事労務管理との関係」である。
[5]	①	②③④は記述のとおり。①は時間外労働時間が月80時間を超え、疲労の蓄積があって面接指導を申し出た者に行う（行わなくても罰則なし）。
[6]	③	Aは「脳・心臓疾患」、Bは「疲労」、Cは「健康管理」。
[7]	③	①②④は記述のとおり。③は36協定において１ヵ月について80時間未満（年間6ヵ月以内）ではなく、100時間未満。
[8]	④	①②③は記述のとおり。④従業員の健康や満足度と組織の生産性を両立させることは可能であり、むしろ両者には相互作用があり、互いに強化することができると健康職場モデルで示されている。
[9]	③	①事業者が表明することによって、活動の推進に結びつくことが期待される。②マニュアルだけでは不十分。最高位の文書として方針を位置づけ、下位文書として実施要領を構築する。④ストレスチェック制度の位置づけを明確にすることが望ましいとされているが義務ではない。
[10]	①	②個々の特徴（パーソナリティ・能力・健康状況など）を踏まえて話を聴くことが重要。③幅広い知識まで求められている。④自分だけで対応しようとせず、速やかに事業場内外の産業保健スタッフに相談することが好ましい。

問題番号	解答	解説
[1]	②	①倦怠感、疲労などの身体症状、次に不眠や不安・イライラなどの精神症状、引き続き、社会活動性の低下、最後に抑うつ状態、無気力、希死念慮などが出現する。③「交感神経系」ではなく、「副交感神経系」。④集中力、判断力の低下は、警告反応期ではなく疲憊期。
[2]	③	①縦軸には、個人的要因、仕事以外の要因、緩衝要因が示されている。②人間関係、対人責任性は職場のストレッサー。④緩衝要因として、家族も含まれる。
[3]	④	①②③は記述のとおり。④薬物療法を中心に治療法がある程度確立しており、服薬は1年程度以上継続することが必要とされている。
[4]	④	①事前に察知することは医学的に困難である。②病前性格は、周囲に配慮し、物事の手順や秩序を重視する特徴がある。③第1位は、筋骨格系疾患(腰痛、頸部痛ほか)で、精神疾患は、第2位である。

問題番号	解答	解説
[1]	①	A. ILO（国際労働機関）の分析報告である。B.効果的であるとされている。
[2]	④	①仕事のストレス要因として4つの要因（仕事の量的負担、コントロール、上司の支援、同僚の支援）を取り上げ評価する。②あらゆる業種で使用することが可能である。③「総合健康リスクが低い」ではなく、「総合健康リスクが高い」。
[3]	③	①②④は記述のとおり。③一般的なチェックリストとは異なり、どのような対策を講じるかをグループで提案するために開発されている。
[4]	①	②職場巡視による観察も定期的に、必要に応じて評価する。③「管理監督者の役割」ではなく、「人事労務管理スタッフの役割」である。④アウトカム評価ではなく、プロセス評価の説明である。アウトカム評価は、改善前後の労働者の健康状態を評価する方法である。

問題番号	解答	解説
[1]	④	①②③は記述のとおり。④罰則付きの上限が設けられている。
[2]	④	B～Dは適切。Aは特別な出来事以外である。
[3]	③	①昇格昇進により、業務の変更や業務遂行が思わしくない場合はメンタル不調となる可能性がある。②周囲との連絡が希薄になった状況で孤立感を生じやすい。④家庭での責任の増大は、メンタルヘルス不調が発生する可能性がある。
[4]	①	②③④は記述のとおり。①ストレス要因が認められなくても、勤務態度や言動に変化がみられた部下に対しては、必ず声をかけ、心身の状態を確認する。
[5]	④	①②③は記述のとおり。④「コルチゾール」ではなく、「エンドルフィン」である。
[6]	①	①の公式の順番で行う。
[7]	④	④「配置転換の制限」ではなく、「労働者の健康管理に係る措置の徹底」である。
[8]	①	AとCは記述のとおり。B. 2008年4月から、実施が義務づけられた。D.「動機づけ指導」ではなく、基本的な情報を提供する「情報提供レベル」である。
[9]	③	①問題焦点型コーピングと情動焦点型コーピングである。②2つのうち、どちらか一方のコーピングを適宜選択して行う。④コーピングになる。
[10]	②	①バリバリがんばって職務に専念している人は過剰適応になっている可能性があるため、評価的サポートをしつつ、仕事を他者に分担するという実体的なサポートが必要な場合がある。③本人の適応努力を肯定的に評価し、心理的不安定などで休職することがある場合は、それらの措置の必要性と妥当性について理解できるように、専門家を紹介するなど情報的サポートを多く与える。④営業分野では情報的サポート、事務分野では道具的サポートが高いと考えられる。
[11]	③	①②④は記述のとおり。③本人の同意を得ること、誤解や偏見を生じさせないように情報を加工することが望ましい。
[12]	①	アは「労働者の心の健康の保持増進のための指針」、イは「ライフイベント」、ウは「高く」、エは「ストレス要因」。

第5問

問題番号	解答	解説
[1]	①	アは「盲点」、イは「開放」、ウは「隠蔽」、エは「未知」。
[2]	③	BとDは記述のとおり。A.「公的自己意識」ではなく、「私的自己意識」。C.「自己充足的コミュニケーション」ではなく、「道具的コミュニケーション」。
[3]	④	①瞳孔が小さくなる。②気管支が細くなる。③消化活動を促進する。
[4]	③	①②④は記述のとおり。③長期間にわたるストレスで、適応エネルギーは枯渇し、再び抵抗力が正常値以下に低下する疲憊期に移行する。
[5]	②	①③④は記述のとおり。②職務遂行レベルが良かったり悪かったりする。
[6]	②	①本人に対して強く受診を勧めることはできないが、健康状態が心配であることを伝え、軽く受診を促す程度で止める。③原則として家族に事情を説明し、家族の理解を得て受診につなげるのが基本。④問題解決のために自分よりもほかに適任者がいるのであれば、その人に相談するよう促し、専門医などに診てもらうよう勧めることを躊躇してはならない。
[7]	③	アは「自由に」、イは「注意や説教・説得」、ウは「先入観」、エは「中立性」。
[8]	③	①②④は記述のとおり。③神経内科は、メンタルヘルスを取り扱わず、脳などの中枢神経や末梢神経の疾患を専門とする診療科。もの忘れがある、手足が動かないといった神経の症状で悩む人が受診する。
[9]	④	①②③は記述のとおり。④本人の了解が得られなくても家族と連絡をとることに問題はないケースもあり、あくまでも受診させる主体は家族であり、家族だけでは手に負えない場合に、家族の要請を受けて職場の者が力を貸したというかたちをとるべきである。

第6問

問題番号	解答	解説
[1]	①	Dは記述のとおり。A. 常時1000人（有害業務500人以上）。B. 保健師の選任義務はない。C. 50人。
[2]	②	①③④は記述のとおり。②中央労働災害防止協会は、労働災害防止団体法に基づき設立され、情報提供、意識向上の運動、コンサルティング、教育研修などを実施している。

［3］	③	①「勤労者メンタルヘルスセンター」ではなく、「地域障害者職業センター」の説明。②「厚生労働省」ではなく、「一般社団法人日本いのちの電話連盟」。④「一般社団法人日本産業カウンセラー協会」ではなく、「厚生労働省」。
［4］	①	②③④は記述のとおり。①認知症は、精神科医・神経内科医。
［5］	④	①②③は記述のとおり。④自宅で療養するのが家庭の状況で休養にならない、あるいは家にいると仕事が気になるという場合は、気持ちを切り替えて療養・休養に専念するために入院を考えてもよい。
［6］	③	BとDは記述のとおり。A.「複数の連携窓口」は誤り。産業保健スタッフなどがそれぞれ医療機関と関わると、医療機関への負担も大きくなるほか、情報内容の解釈が少しずつずれて混乱を生じるため、連携窓口を一本化することが大切。C. 管理監督者は、本人に同意をとったうえで、本人を交えて主治医と直接会うなどして、情報の共有を行うことが望ましい。医師には守秘義務があるため、本人の同意なしには、問い合わせた人には受診の有無さえ伝えない。

第7問

問題番号	解答	解説
［1］	②	①③④は記述のとおり。②まったく元の状態に回復して職場復帰するというケースは、それほど多くない。
［2］	③	③は、職場復帰の可否の判断および職場復帰支援プランの作成。情報の収集と評価、職場復帰の可否についての判断、職場復帰支援プランの作成などを行う。①第1ステップは、病気休業開始および休業中のケア、②第2ステップは、主治医による復帰可能の判断、④第4ステップは、最終的な職場復帰の決定。
［3］	③	①②④は記述のとおり。③産業医が選任されている事業場においては、できる限り産業医が健康情報の集約と調整をしたほうがよい。
［4］	③	①②④は記述のとおり。③休業中は、労働者のキャリアデザインの見直しを迫る機会となる。その際管理監督者がこれまでのワークヒストリーの振り返りや現在の問題点の整理などについて労働者の話を聴きながら相談に応じると労働者にとって大きな支えとなる。
［5］	③	①短期で治癒する疾病は対象としていない。②「治療と職業生活の両立」は、具体的に規定されていない。④疾病の状態や治療の副作用、障害などによって、業務遂行能力が一時的に低下することがあるため、育児や介護と仕事との両立支援とは異なる。

第1問

問題番号	解答	解説
[1]	③	①「59.8%」ではなく、「58%」。②正社員、派遣労働者、契約社員、パートタイム労働者の順に高い。④90%以上（男性91.2%、女性94.9%）である。
[2]	④	①②③は記述のとおり。④「早急な休業」ではなく、「長期の休業」。
[3]	③	①「39%」ではなく、「32%」。②制定は2006年である。④増加傾向ではなく、ほぼ横ばいで、従業員規模の大きい事業所群ほど取り組んでいる割合が高い傾向にある。
[4]	①	②業務の方針は、関係するすべての人に周知することが重要。③ストレスチェック制度の位置づけを明確にすることが望ましいとされている。④心の健康づくりの体制としては、メンタルヘルスケアに関する方針を達成するために、必要な役割や手順を文章として定め、さらにその手順を実施できる人材を育成する必要がある。
[5]	④	①心の健康づくり計画に基づき、継続的に実施されるためには、具体的な目標の設定、目標を達成するための計画の策定と実践、目標の達成度の評価を行うことが必要。②進捗状況を毎月開催される衛生委員会で確認していく必要がある。③従業員一人ひとりが受け身にならず、積極的に役割を果たすこと、その基本となる目標や計画を確実に理解することが重要。

第2問

問題番号	解答	解説
[1]	④	①②③は記述のとおり。④脳内の「NK細胞」ではなく、「神経伝達物質」である。
[2]	④	A.「大脳辺縁系」ではなく、「大脳皮質」で評価される。B.「大脳皮質」ではなく、「大脳辺縁系」に伝達される。C.「海馬」ではなく、「神経細胞」である。
[3]	③	①急速な構造的変化にともなう労働環境の変化は、個々の労働者のストレスを増していると考えられている。②「42%」ではなく、「36.3%」。④ストレス反応の強さは、年齢、性別、性格や行動パターン、自己評価などの個人的要因の影響を大きく受ける。

［4］	①	AとDは記述のとおり。B. 熱意、没頭、活力（仕事から活力を得ていきいきとしている）の3つがそろった状態。C.「仕事の要求度／個人の資源」ではなく、「仕事の資源／個人の資源」。
［5］	②	①③④は記述のとおり。②の説明は、ADHDの長所。ASDの長所は、自分で大切だと思うルールはきちんと守る真面目さ、人に流されない意思の強さ、ユニークで常識にとらわれない発想、得意分野での豊富な話題、こだわりのある職人としての能力の高さなど。
［6］	①	②③④は、記述のとおり。①心筋梗塞など、より重篤な疾患として起こることもある。
［7］	③	①②④は記述のとおり。③メンタルヘルスが不調になった初期には、精神面よりも身体面や行動面に変化が最初に現れてくることが少なくない。
［8］	④	CとDは記述のとおり。A.「2015年」ではなく、「2013年」。B.「努力義務」ではなく、「義務」。

第3問

問題番号	解答	解説
［1］	④	①「新規雇用して補う」ではなく、「既存の労働者が補う」。②月「40時間」ではなく、「45時間」。③「58％」ではなく、「56.6％」。
［2］	②	①③④は記述のとおり。②アドレナリンやノルアドレナリンの分泌が亢進し、血圧を上昇させ血糖値を上げて代謝バランスを不安定にする。長期にわたると、本格的な高血圧、脂質異常症、糖尿病を招く。
［3］	②	AとCは記述のとおり。B.「義務」ではなく、「努力義務」。D. 不調者を探すことが目的ではなく、職場単位でのストレス要因を抽出して分析し、職場として対策を検討して改善活動を進めるためのツールとして導入されている。受検者は、自分のストレスの程度や状況を客観的に見て、体調管理に役立てる。
［4］	④	①②③は記述のとおり。④自力で対処しきれない相談事やストレスは割り切って周囲の協力を求めることが早道である。場合によっては解決を後回しにするという判断をすることも必要だが、それも含めて周りの人に相談する。
［5］	①	②③④は記述のとおり。①健康診断と保健指導を適切に行う。

問題番号	解答	解説
［1］	④	①②③は記述のとおり。④情動焦点型コーピングは、回避、静観、気晴らしなど、ストレス状況に置かれたときに生じる否定的な情動そのものを軽減しようとするコーピングである。
［2］	③	CとDは記述のとおり。A.「パワーハラスメント」は、出来事の類型で「パワーハラスメント」と独立して挙げられている。B.「特別な出来事以外」である。
［3］	②	①③④は記述のとおり。②300点以上になると79％、200〜299点の場合は51％、150〜199点の場合には37％の人に何らかの疾患が発症していた。
［4］	②	①③④は記述のとおり。②夫婦の和解や自分の輝かしい成功もストレスになる。
［5］	④	①②③は記述のとおり。④遅刻や欠勤は行動面の慢性反応である。
［6］	②	①③④は記述のとおり。②年間150〜199点の場合は37％の人に何らかの疾患が発症していた。
［7］	④	①個の侵害はパワーハラスメントにあたる。②事業主に義務づけられた。③心理的負荷は「強」となる。
［8］	③	①②④は記述のとおり。③2週間という期間にわたって継続する場合は、様子を見るのではなく、専門家に相談してみるなど、実際の対処が必要。
［9］	④	①ハラスメントの項目はない。②同僚を頼れるかどうかの項目はある。③仕事の満足度についての項目はある。
［10］	③	①ネガティブ反応ばかりではなく、ポジティブ反応も評価できる。②パーソナリティについては考慮されていない。評価にあたっては、自記式の調査票にみられる個人の回答の傾向について、考慮しなければならない場合がある。④結果は調査時点でのストレス状況しか把握できず、必ずしもいつも正確な情報をもたらすとは限らない。あくまでも参考資料として活用する。

問題番号	解答	解説
［1］	②	①③④は記述のとおり。②ビタミンB・C群の補給が必要になる。B群は豚肉、乳製品、レバー、納豆など、C群は野菜、くだものなど。
［2］	④	①自分にあった睡眠時間があり、8時間にこだわらない。②年齢を重ねると睡眠時間は短くなるのが普通。③睡眠薬代わりの寝酒は睡眠の質を悪化させる。

[3]	①	②③④は記述のとおり。①リラクセーション法は受動的態度で、身体の状態にそっと目を向ける。
[4]	②	AとCは記述のとおり。B. 慢性疼痛患者を対象としている。D. 本質の考え方を知的に理解することはとても難しいため、マインドフルネスの技法である瞑想を実践することで体験的に理解することが求められる。
[5]	③	①「情緒的サポート」「情報的サポート」「道具的サポート」「評価的サポート」の4種のサポートである。②「情緒的サポート」ではなく、「評価的サポート」である。④「物理的サポート」ではなく、「道具的サポート」である。
[6]	③	①②④は記述のとおり。③ソーシャルサポートは重要だが、他者からのサポートに頼りきってはいけない。自分の能力を信じ、課題解決に向けた努力を怠ることなく、それでもサポートが必要なときに頼れる相手を見出すように努める。
[7]	②	AとDは記述のとおり。B. 嫌だ、つらいと思わず、自分の考えを示すよい機会だと認識する。C.「100%はあり得ない、いつもうまくやれることはほとんどなく、うまくやれるように努めるが、100%うまくいくわけではない」と思う。
[8]	④	①②③は記述のとおり。④コルチゾールは、ウォーキングやサイクリングなどの脂肪を燃焼させる有酸素運動で消費することができる。
[9]	②	①③④は記述のとおり。②仰臥姿勢（仰向けに寝た姿勢）のほか、安楽椅子姿勢（背もたれのある椅子に座る姿勢）、単純椅子姿勢（背もたれのない椅子に座る姿勢）で行うことができる。
[10]	④	①②③は記述のとおり。④できれば取り除きたいストレスでも、どうしても取り除けないストレス要因に対して、しばらく我慢してみるという判断もときには必要となってくる。

第6問

問題番号	解答	解説
[1]	④	①管理監督者のセルフケアも、基本的には労働者のセルフケアと同じである。②カウンセラーとの相性が重要である。③変化後1〜12ヵ月（多くは3〜6ヵ月）である。
[2]	④	AとDは記述のとおり。B. 組織の縦方向だけではなく、横方向のコミュニケーションがとれるようなマルチチャネル型サポートネットワークをもつことができれば、情報の伝達・収集がしやすくなる。広い視野で仕事や物事を考えることができるため、細かなことでくよくよ悩むことが少なくなり、仕事も効率的に進めることができ、ストレスの予防にもつながる。C. 相手の話をきちんと聴く能力である。

[3]	③	①②④は記述のとおり。③たとえば、がんの治療は成功したが、5年経つまで再発が不安なのでカウンセリングを受けるという場合もある。気軽にカウンセリングを利用できるようになることが、セフルケアを進めるうえで望ましいことである。
[4]	②	①③④は記述のとおり。②自分を信頼することで、自分の内部を知る自己信頼がアサーティブな関係の維持につながる。
[5]	③	①呼吸法や自律訓練法などの指導を受けられる。②早期にカウンセリングを受けることで、早めに症状が改善したり、問題が解決しやすくなったりする。④医師が精神療法の一環として行うカウンセリングは健康保険が適用される。

第7問

問題番号	解答	解説
[1]	④	①無形の支援だけではなく、有形無形の支援。②情報的サポートである。③仕事上のサインとして、細かいことにこだわる。
[2]	②	①③④は記述のとおり。②ポジティブではなく、ものの見方、受け止め方（認知）の歪みを戻していこうとする治療法である。
[3]	①	②必要に応じて勧告することができる。③法令上の専任義務はないが、専属の産業医のいる事業場や、専属産業医がいない数百人程度の事業場であっても、常勤あるいは非常勤で産業医と連携しながら健康管理のための活動をしている。④産業カウンセラーは一般社団法人日本産業カウンセラー協会が認定している。民間資格でストレスチェック実施者にはなれない。
[4]	④	①②③は記述のとおり。④大学病院や総合病院では、同じ医師に診てもらうために曜日が指定されてしまったり、医師が転勤してしまったりということが考えられる。病院でもクリニック（診療所）でも、開設している医師が主治医であれば継続して診てもらえる可能性は高い。
[5]	③	①②④は記述のとおり。③神経内科ではなく、精神科・心療内科を受診する。
[6]	①	②自宅で療養したくても家族の状況で休養にならない、あるいは家にいると仕事が気になって仕方がないときは、気持ちを切り替えて療養・休養に専念するために入院することを考えてもよい。③本人が可能であれば確認を行い、自分自身が十分に情報を得ることができない場合は、家族などに確認してもらう。④復職した際には、最初から元気だった頃のイメージで仕事をすることは避け、どうすればよい状態を保つことができるのか、再び悪くならないためにはどうしたらよいか、といったことを考えながら就労する。
[7]	②	①③④は記述のとおり。②副作用が少ない。

さくいん

252

著者略歴

内藤 友子 （ないとう・ともこ）

公認心理師・精神保健福祉士・1級キャリアコンサルティング技能士・衛生管理者
大阪商工会議所メンタルヘルス・マネジメント検定I種マスター
精神科・心療内科復職支援コンサルタント・うららか相談室心理カウンセラー

株式会社 東京リーガルマインド（LEC）「メンタルヘルス・マネジメント検定試験II種合格講座」講師。
国家資格キャリアコンサルタント・キャリアコンサルティング技能検定1級・2級実技試験対策講座、発達障害の就労支援、認知行動療法・キャリア理論キャリアコンサルタント更新講習講師。
著書に『JR脱線事故からの生還―キャリア・カウンセラーが綴った再生の記録』（本の泉社）、『改訂第2版 精神障がい者のための就労支援』（編集、へるす出版）、『改訂版 1級キャリアコンサルティング技能検定合格テキスト実技試験対策（論述・面接）』（ブイツーソリューション）、『1級キャリアコンサルティング技能検定実技試験合格ガイド 論述・面接対策』（パブフル）、『国家資格キャリアコンサルタント実技試験（論述・面接）合格ガイド』（パブフル）などがある。

※メンタルヘルス・マネジメント®は、正しく継承、伝達されるために、大阪商工会議所の登録商標となっています。

本文デザイン・DTP ● 松岡慎吾
本文イラスト ● 坂木浩子
校正 ● 株式会社ぷれす
編集協力 ● 有限会社ヴュー企画（須藤和枝）
編集担当 ● ナツメ出版企画株式会社（田丸智子）

ナツメ社Webサイト
https://www.natsume.co.jp
書籍の最新情報（正誤情報を含む）は
ナツメ社Webサイトをご覧ください。

サクッとわかる！
メンタルヘルス・マネジメント検定II種・III種
テキスト&問題集

2023年1月5日　初版発行
2024年9月20日　第4刷発行

本書に関するお問い合わせは、書名・発行日・該当ページを明記の上、下記のいずれかの方法にてお送りください。電話でのお問い合わせはお受けしておりません。
●ナツメ社webサイトの問い合わせフォーム
https://www.natsume.co.jp/contact
●FAX
03-3291-1305
●郵送
左記、ナツメ出版企画株式会社宛て
なお、回答までに日にちをいただく場合があります。正誤のお問い合わせ以外の書籍内容に関する解説・受験指導は、一切行っておりません。あらかじめご了承ください。

著　者　内藤友子　　　©Naito Tomoko, 2023
発行者　田村正隆
発行所　株式会社ナツメ社
　　　　東京都千代田区神田神保町1-52
　　　　ナツメ社ビル1F（〒101-0051）
　　　　電話 03-3291-1257（代表）　FAX 03-3291-5761
　　　　振替 00130-1-58661
制　作　ナツメ出版企画株式会社
　　　　東京都千代田区神田神保町1-52
　　　　ナツメ社ビル3F（〒101-0051）
　　　　電話 03-3295-3921（代表）
印刷所　ラン印刷社

ISBN978-4-8163-7309-1　　　Printed in Japan